edition chrismon

24 GESCHICHTEN ZUM ADVENT

edition chrismon

Bibliografische Information der Deutschen Nationalbibliothek.
Die Deutsche Nationalbibliothek verzeichnet diese Publikation in der Deutschen Nationalbibliografie; detaillierte bibliografische Daten sind im Internet über http://dnb.d-nb.de abrufbar.

Gestaltung
Kristin Kamprad, Hansisches Druck- und Verlagshaus GmbH

Illustrationen
Susanne Janssen

Druck und Bindung
GRASPO CZ a.s. Zlín

2. Auflage

Unveränderte Neuausgabe

Printed in EU
ISBN 978-3-86921-103-9

INHALT

VORWORT

Wann haben Sie zum letzten Mal Türchen eines Adventskalenders geöffnet? Wann ist Ihnen zum letzten Mal das Herz aufgegangen? Freuen Sie sich auf die stille Zeit? Je weniger Kinder es in unseren Breiten gibt, desto mehr scheint sich die Zeit der Erwartung vor dem Geburtstag des Christkindes auf ein medial inszeniertes Kinderfest zu reduzieren. Erwachsene kommen nur noch als Adressaten von Geschenktipps für die Kleinen, als Konsumenten oder als von alten Zeiten raunende Großeltern vor. Der allgemeine Trubel wird von den einen befeuert und von den anderen bedauert.

Advent im Erwachsenendasein heißt: Was erwarten Ihre Mitmenschen von Ihnen? Dieses Buch ist ein Adventskalender für Sie, für die Großen, für das Kind in der Frau und im Mann. Eine kleine Geschichte für jeden Tag, vom 1. bis zum 24. Dezember, könnte Sie vielleicht einen Augenblick lang rausholen aus Vorfeststress und wachsender Hektik. Der Puls geht runter und die Laune wird besser. Vielleicht finden Sie sich da und dort wieder, auch wenn Ihr Nikolaus kein Schornsteinfeger war und Sie noch nie einen Tresor geknackt haben. Haben Sie sich schon einmal gefragt, wie es einem Backpinsel in den Zeiten von Mikrowelle und Tiefkühlkost geht? Interessiert Sie, wie ein germanischer Legionär das Geschehen in Bethlehem verarbeitet hat? Was sind die Angaben zur Religion in den Steckbriefen einer Online-Singlebörse wert? Kann man mit toten Ehebrechern Weihnachten feiern? Vielleicht erwarten Sie etwas ganz anderes von einem Adventsbuch für Erwachsene.

Ich möchte Ihnen in diesem Vorwort nicht zu viel verraten, sonst hätte ich dieses Büchlein gar nicht schreiben müssen. Machen Sie einfach das erste Türchen auf. Oder fangen Sie mit dem 24. an oder mit dem zweiten oder mit dem 18. Dann werden Sie erfahren, was passiert – nicht nur in den Geschichten, sondern auch mit Ihnen. Vielleicht fallen Ihnen persönlich erlebte Geschichten ein, die Sie sich jetzt zu erzählen trauen. Das wäre besonders schön. Die Zeit der Erwartung lässt sich seit Jahrtausenden am leichtesten dadurch verkürzen, dass man zusammensitzt und einander Persönliches mitteilt. Früher geschah das an den Lagerfeuern, in Karawansereien, Herbergen und Burgen. Heutzutage hat fast überall das Fernsehen diese Aufgabe übernommen. Also: Glotze aus – für eine halbe Stunde wenigstens – und miteinander sprechen. Manchmal braucht man unter Erwachsenen Hilfe, um damit anzufangen, zum Beispiel etwas zum Vorlesen. Wenn die Geschichten in diesem Buch in diesem Sinne auftauend wirken, das Eis der Sprachlosigkeit brechen helfen, dann reicht das dem Autor völlig aus.

Er wünscht Ihnen viel Vergnügen, einen segensreichen Advent und frohe Weihnachten.

Ihr Arnd Brummer

1

IN DEN HERZEN WIRD'S WARM

Holder Knabe, was haben sie aus dir gemacht? Alles schläft, einsam lacht? Das traute hochheilige Paar? Wenn es denn tatsächlich in Bethlehem war. Auf der Suche nach dem historischen Jesus kommen wir nicht weit. Der kleine Junge aus Galiläa, ein Kind aus einer normalen jüdischen Familie. Natürlich wird der Säugling gebrüllt haben, wenn er hungrig war oder in einer vollen Windel lag. Und es roch dann nicht nach Weihrauch im Hause Josefs.

Seine Mutter Maria, die gesegnete junge Frau, lachte gerne und war zu Freundschaften fähig. War sie asexuell? Wohl nicht. Und Josef war mit Sicherheit kein frömmelnder Einfaltspinsel. Ein Handwerker war er. Wahrscheinlich ziemlich muskulös, der Zimmermann aus Nazareth. Josef wird Sohn Jeschu auch mal zur Ordnung gerufen haben.

Die historisch-kritische Zerlegung der Evangelien ist erlaubt. Der fromme Jude, den wir als Matthäus kennen, beschreibt zu Beginn seines Textes ausführlich die lange Ahnengalerie Josefs, lässt ihn von König David abstammen – das muss nicht stimmen. Die Reise nach Bethlehem, vom Arzt Lukas mit einer historisch nicht belegten Volkszählung begründet, mag auch nicht stattgefunden haben. Was wäre anders, wenn Jeschu in Nazareth geboren ist und nicht im judäischen Bethlehem? Nichts Wesentliches. Sie kriegen dich nicht klein, holder Knabe.

Weihnachten, wie wir es heute kennen, wie es eine gewaltige Maschine von Kitsch, Konsum und wahrer Frömmigkeit antreibt, ist ein riesiges Gebirge von menschlichen Sehnsüchten und Hoffnungen. Jede Zeit und jede Weltgegend hat sich Jesus auf ihre Weise angeeignet, hat sich ihren Jesus zurechtgemacht. Die unterschiedlichsten Köpfe des Christentums haben unerschrocken daran mitgewirkt. Die Krippe verdanken wir Franz von Assisi. Das Christkind Martin Luther und den Adventskranz dem Sozialreformer Johann Hinrich Wichern.

Der „holde Knabe" geht auf die Rechnung zweier armer Kirchenleute aus dem Salzburger Land, des Hilfspriesters Joseph Mohr und des Lehrers Franz Gruber. Die Sklaven auf den Baumwollfeldern Alabamas und in den Tabakplantagen Virginias sangen: „Go, tell it on the mountain, that Jesus Christ is born!" Johann Sebastian Bachs Weihnachtsoratorium – eine Jesus-Gala, Popkultur auf höchstem Niveau. Der festliche Umzug der Heiligen Drei Könige in Sevilla erinnert den Nordeuropäer an rheinischen Karneval. Die am Polarkreis logische Verbindung des Jesus-Geburtstages mit dem Aufleuchten des Lichts in der winterlichen Dunkelheit findet der Mittelmeeranrainer seinerseits etwas düster und übertrieben.

Die Amerikaner haben einem – historisch nicht belegten, wahrscheinlich aus zwei unterschiedlichen Biografien zusammengebastelten – byzantinischen Bischof ein knallrotes Wams angezogen und ihn mit einer großen Schelle bewaffnet, auf dass er in den Einkaufsstraßen von New York vorweihnachtliche Fröhlichkeit verbreite. Der arme Nikolaus musste an den Nordpol umziehen, von wo er im Rentierschlitten um die Welt und durch die Kamine fegt, um Kinder zu beschenken. Irgendwann nannte man ihn Weihnachtsmann. Christ, der Retter, ist da? Alle Wetter, holder Knabe, ho, ho, ho!

Dieses Mythen- und Legendengebirge Schicht für Schicht abzutragen, ist nicht nötig, um den Kern der Weihnachtsgeschichte zu finden. Der heißt schlicht: Gott ist Mensch geworden. Der Evangelist Johannes sagt es so: Und das Wort ist Fleisch geworden und hat unter uns gewohnt. Unfassbar.

Wenn etwas unfassbar, unbegreiflich ist, was machen Menschen dann, um es trotzdem zu verstehen? Sie suchen nach Bildern und Vergleichen. Sie entwickeln Ausdrucksformen, die alle rationale Deutung hinter sich lassen. In anderen Religionen gibt es durchaus Fälle von Göttern, die Menschengestalt annehmen. In der Regel handelt es sich bei dem erwählten Personal um Pharaonen, Könige und Helden. Sie legitimieren Macht und Bedeutung mit ihrer Göttlichkeit. Sie leben in Palästen oder führen große Heere.

Mit der Menschwerdung Gottes in dem galiläischen Juden Jesus verhält es sich anders. Der will weder Perser noch Trojaner besiegen. Er will weder über Ägypten herrschen noch über Japan. Er ist zu uns gekommen. Und er bleibt bei uns. Schwierige Geschichte, holder Knabe.

Es waren Hirten auf dem Felde, Nachtwächter bei ihren Schafen. Gab es die Hirten wirklich? Waren die Wissenschaftler aus dem Morgenland überhaupt da? Wenn es hilft, die Menschwerdung Gottes zu begreifen, haben sie das Kind angefasst und in ihren Herzen tirolerisch gejodelt: still, still, still, weil's Kindlein schlafen will.

Hilfspriester Mohr aus dem kleinen Oberdorf bei Salzburg hat übrigens sechs Strophen für „Stille Nacht" gedichtet. Nummer drei, vier und fünf verstauben in den Archiven. In der dritten Strophe heißt es: „Stille Nacht! Heilige Nacht! / Die der Welt Heil gebracht / Aus des Himmels goldenen Höhn / Uns der Gnade Fülle lässt seh'n / Jesum in Menschengestalt." Darum geht es doch, holder Knabe?

Heil und Gnade in Menschengestalt. Das ist mit Menschwerdung gemeint. Der Menschensohn, wie sich Jesus selbst nennt, bringt es auf den Punkt, indem er sagt: „Was ihr dem geringsten meiner Brüder getan habt, das habt ihr mir getan." Noch Fragen?

Stört es diesen Jesus, wenn die Heiden Weihnachten mitfeiern? Wenn sich shintoistische Japaner an seinem Geburtstag beschenken, wenn kirchenferne Deutsche oder Briten festlich zu Abend essen oder Kerzen an einem Tannenbaum anzünden? Es stört ihn wahrscheinlich nicht. Die Menschwerdung Gottes und am anderen Ende dieses Menschenlebens die Überwindung des Todes sind ein universales Angebot. „Der du der Heiden Heiland bist", heißt es in einem Kirchenlied. Einer, der mit Zöllnern tafelte und im Haus eines Offiziers der verhassten römischen Besatzungsmacht Station machte, kann nicht kleinlich sein. Er ist zu den Sündern gekommen, um ihre Seelen zu bewegen. Das ist selbst ihm nicht immer gleich gelungen. Stimmt's, holder Knabe?

Also wieder Advent. Mit all diesen unglaublichen Geschichten und Riten, mit den großen und kleinen Ungenauigkeiten, mit dem Zuviel und Zuwenig an Stille und Heiligkeit. Gastfreundlich zu sein ohne Murren, forderte Jesus seine Freunde auf. Christen, lasst sie dabei sein, lasst sie mit euch zusammen Gänse essen und Weihnachtsgebäck. Aber erzählt ihnen die Geschichten von Bethlehem. Und seid mutig, übersetzt sie in neue Bilder, wenn ihr meint, es mache sie besser verständlich. Ihr dürft das. Ihr seid dann in guter Gesellschaft mit dem heiligen Franz, mit Martin Luther, mit Johann Sebastian Bach, mit den Sklaven auf den Feldern Virginias, mit Lehrern und Hilfspriestern. Tell it on the mountain – in den Herzen wird's warm. Ho, ho, ho, happy birthday, holder Knabe!

2

DEO ODER LEICHTE ERZIEHUNG

Der Fremde im dunkelblauen Mantel stand schon eine kleine Weile im Schulsekretariat. Frau Paulsen, die Sekretärin, wusste, dass er da war, aber sie hatte zu telefonieren und schaute deshalb konsequent an seiner linken Schulter vorbei in die Ferne. Als sie aufgelegt hatte, wandte sie sich ihm zu. „Worum handelt es sich?", fragte sie unpersönlich, wie sie es für ihre amtliche Pflicht hielt.

„Ich suche Sinn", antwortete der Fremde und versuchte, ihr in die Augen zu sehen. „Wie alt? Mädchen oder Junge?" Ohne seine Reaktion abzuwarten, hatte sie bereits das Programm mit dem Schülerverzeichnis aufgerufen. „Als Nachnamen haben wir das gar nicht. Ausländischer Vorname? Wie schreibt sich das? Cin, Sim, Sin?" Als sie nichts hörte, blickte sie auf. Der Fremde war verschwunden. Komisch, dachte Frau Paulsen, sie hatte nicht mal das Türschloss klicken gehört. „Die Leute heute", murmelte sie, zuckte die Achseln und rief ihre Freundin an. „Geht klar mit dem Lunch. Um eins im Café Reiter."

In der Polizeiwache 11 am Schillerplatz sah Hauptmeister Thimm den Fremden auf dem Überwachungsmonitor vor der Sicherheitstür warten. Er betätigte den Summer der Türanlage und ließ ihn rein. „Ja", sagte er knapp und vermaß den Mann mit geübtem Auge: etwa ein Meter achtzig, 30 bis 40 Jahre alt, dunkelbraune Haare, schlank, grünbraune Augen, schmale Nase. „Ich suche Sinn", gab die Person an. „Seit wann vermissen sie ihn?", fragte Thimm zurück. „Um wen oder was handelt es sich? Gegenstand, Haustier, menschliches Subjekt?"

Während er das Formular für die Suchanzeige unter dem Tresen suchte, fragte sich der Hauptmeister, wie man die Leute dazu erziehen könnte, endlich sachdienliche, ordentliche Angaben zu machen. Etwa: Ich vermisse seit drei Tagen meinen Hund oder Kater oder Sohn … und so weiter. Als Thimm aus der Hocke hochkam, war der Besucher verschwunden. Thimm sah auf den Monitor, wählte die Kamera „Flur I" – gähnend leer, der Flur. Dann „Haupteingang II" – niemand zu sehen. „Toilette M", „Toilette W" – Fehlanzeige. Zur Sicherheit schaute er noch mal unter den Tresen und unter den Schreibtisch. Niemand. Er beschloss, kein Protokoll zu schreiben. Warum sollte er einen Fall schaffen, bei dem nur einer schlecht aussah: Hauptmeister Thimm? Auf keinen Fall!

Pastorin Schmidtke sah den Mann vom Fenster ihres Arbeitszimmers aus den Plattenweg zum Pfarrhaus beschreiten. Bevor er klingeln konnte, hatte sie die Haustür geöffnet. Sah gut aus, der Mann. „Wie kann ich helfen?" Sie begleitete die Frage mit dem seelsorgerlichsten Lächeln, das ihr zur Verfügung stand. „Ich suche Sinn", sagte der Dunkelhaarige leise. „Das ist gut. Da sind Sie hier richtig. Warten Sie einen Augenblick." Carmen Schmidtke holte aus ihrem Büro ein Heftchen und überreichte es dem Gast.

„Da steht alles drin, alle unsere Angebote in der Thomas-Gemeinde. Da zum Beispiel: 18.30 Uhr, Bibel-Gesprächskreis. Das ist heute Abend. Sie sind herzlich eingeladen. Oder hier: Morgen, 20 Uhr, Vernissage mit Bildern von Martin Ölberger aus unserem Kirchenvorstand. Oder Mittwoch: 19 Uhr, ‚Die spirituellen Tänze der Sioux' mit Silke Nass. Frau Nass hat ein halbes Jahr mit ihrem Mann in New York gelebt. Das ist eher was für Frauen. Und am Sonntag natürlich: 10 Uhr, Gottesdienst, Themengottesdienst ‚Uhren', mein Kollege Winterholl predigt, sehr interessant. Ja, also Sie sind herzlich willkommen in der Thomaskirche." Als sie die rechte Hand ausfuhr, um dem Fremden das Heftchen zu überreichen, war der Mann verschwunden, wie vom Erdboden verschluckt. War doch gar nicht so spät gestern?, fragte sich Carmen Schmidtke. Dann sah sie auf ihre Swatch. Halb vier, oh Gott, ich muss rüber zu den Konfirmanden, sonst verwüsten die den Gemeindesaal. Schräger Typ, ging es ihr durch den Kopf, wird wohl nicht wiederkommen.

Gegen acht gongte es im Paris-Club. „Kundschaft, meine Süßen", trällerte Martina Noske, die man hier nur als „Bonnie" kannte. Als sie auf den Gang trat, blieben alle anderen Türen zu den Salons geschlossen. Alle Kolleginnen bei der Arbeit. Im großen Spiegel prüfte Bonnie kurz ihr Outfit. Strings, Stiefel, Make-up – perfekt. Der Fremde sah gut aus und kam sofort mit zur Sitzecke für ein persönliches Beratungsgespräch. Bonnie bot Wasser und Kaffee an. „Also, mein Liebling, was wünschst du dir?" – „Ich suche Sinn", sagte der Mann und blickte ihr ins Gesicht. „Also: Ich mache Verkehr, französisch, auch beidseitig, spanisch, wenn gewünscht englisch – aber nur leichte Erziehung, eine halbe Stunde 80, eine Stunde 150, Rollenspiele gegen Aufpreis und für einen 50er extra eventuell griechisch, wenn er nicht zu groß ist." Bonnie stand auf und stöckelte zur Nasszelle. „Du kannst ja überlegen, was wir miteinander spielen. Ich gehe mich solange frisch machen. Das Geld kannst du auf das Nachttischchen legen, deine Kleider auf den roten Stuhl", flötete sie geschäftsmäßig, was in ihrem Job nun mal Standard war. Als Bonnie zurückkam, war der Typ weg. Grußlos. Sie kontrollierte ihre Sachen. Wenigstens kein Dieb. Sie dankte der Mutter Maria. Gut, dass er weg war, wirkte doch ein bisschen wie ein Perverser. Und ihr Pfefferspray war über das Haltbarkeitsdatum hinaus.

In der Buchhandlung Watzmann sprach der Fremde die Praktikantin Yvonne Maaß an. „Sinn", kombinierte sie blitzschnell, „das ist Philosophie, Theologie, Geisteswissenschaften, erster Stock, die Regale links von den Kochbüchern. Sie können aber auch mal bei Politik und Wirtschaft schauen, Erdgeschoss, links hinter den Romanen." Sie war stolz, wie sie das nach drei Monaten draufhatte, besser als manche von den alten Watzmännern und -frauen hier. „Kann ich sonst noch was für Sie tun?" Aber der Fremde war schon weg. Wenn er sich nicht zurechtfand, oben saß ja noch jemand, den er fragen konnte.

In der Parfümerie Händel wusste Inge Röbel sofort, was der Mann wollte und dass es nicht das war, was er gesagt hatte. „Sie meinen Mystère!" Die Männer konnten sich einfach die Namen der Parfüms nicht merken, da hatten sie ein Loch im Hirn. „Mystère, das Deo – Roller oder Spray –, das Parfüm, Eau de Toilette. Wir haben das auch als Paket für die Dame jetzt gerade als Weihnachtsangebot. Wird gern genommen. 258 und ein Give-away. Sie sparen etwa 60 Euro." Mystère! Plötzlich war der Mann weg. Nur sein fremder Duft wehte noch an Inge Röbels Nase vorbei. Den gab es hier nicht, weder als Deo noch als After-Shave. Das wusste sie als Fachverkäuferin ganz genau. Vielleicht ein Ami, die mochten es kräftig süß.

„Das muss in der Nähe von der Lessingstraße sein", vermutete Busfahrer Friedrich, „steigen Sie ein. Da fahren wir hin. Kurzstrecke. Das macht eins fuffzich." Weg war der Typ. „Komiker!", brummte Friedrich, schloss die Türen und fuhr an.

Als der Fremde vor Alster-Freddi, Biene Maja und Knochen-Kurt stehen blieb und nach Sinn fragte, war es das erste Mal seit mindestens zwei Tagen, dass so ein Lackheini sie ansprach. „Den suchen wir auch", gluckste Knochen-Kurt. „Willste ein Astra? Du kannst uns aber auch einladen. Biene holt uns dann was." Der Mann zog seinen Mantel aus, gab ihn Freddi und hatte sich auch schon in Luft aufgelöst. „Fata Morgana", piepste Biene. „Nee", sagte Freddi und prüfte den Mantel, „der ist echt, teures Stück. Da muss erst mal bisschen Bier drüber und Dreck. Sonst glauben die Bullen, ich hätte ihn geklaut. Und hier!" Freddi hatte die Taschen umgedreht. „Ein Fuffi! Ich glaub's nich, Alter!" Und Kurt posaunte im Kaiserton: „Ja is denn scho Weihnachten?"

Malte, Laura, Knörzel und Mehmet spielten hinten bei den Garagen Fußball. Als der Mann sie ansprach, schauten sie misstrauisch. „Wir sollen doch nicht mit fremden Erwachsenen reden", flüsterte Laura Knörzel ins Ohr. Aber Knörzel gefiel der Herr im grauen Anzug. „Spiel einfach mit", schlug er vor. „Du kannst ins Tor." Der Fremde nickte, zog das Jackett aus und fragte: „Wie steht's?" – „Null-Null", meinte Knörzel, „wir fangen neu an. Malte und Laura gegen Mehmet und mich." Sie spielten sicher eine Stunde, bis es dunkel wurde. Dann mussten die Kids nach Hause. „Kommst du morgen wieder?", fragte Laura. „Alle Jahre wieder", sagte der Fremde und winkte den vieren hinterher.

3

DAS MÄRCHEN VOM ARMEN HACKER

Es war einmal ein armer Hacker. Robert hieß er. Tagaus, tagein, oftmals bis spät in die Nacht saß er in seinem zugigen Kellerzimmerchen an seinem Computer und reiste durch die virtuelle Welt. Sein Rechner mit dem Flachbildschirm war eigentlich alles, was er besaß. Die Sozialhilfe, die ihm der freundliche Staat einmal im Monat überwies, reichte gerade, um die Flatrate für seinen DSL-Zugang zu bezahlen, sich etwas zu essen zu kaufen und für Wasser und Strom. Den Kellerraum hatte ihm eine entfernte Tante überlassen, die ansonsten nichts mit ihm zu tun haben wollte. Sie schämte sich seiner. Und sie duldete auch nicht, dass er mehr als einmal im Monat nach oben in ihr Haus kam. Sie konnte Roberts Gegenwart schon deshalb schwer über längere Zeit ertragen, weil er ein wenig streng roch. Denn das Geld für Shampoo und Seife sparte er. Lieber lud er sich Software aus dem Netz herunter oder kaufte wohlfeile Datenträger. Immerhin hatte ihm diese Tante – Marga hieß sie und war ein prachtvolles Weib in reiferem Alter – angeboten, seine Wäsche zu waschen. Und die lieferte er eben einmal im Monat bei ihr ab.

Der arme Hacker war nicht immer arm gewesen. Als Sohn aus bestem Hause hatte Robert die Welt kennengelernt, an renommierten Universitäten studiert und seine Studien mit einem glänzenden Diplom abgeschlossen. Damit hatten sich ihm die Türen zum beruflichen Glück weit geöffnet. Damals konnte er die Angebote für lukrativste Jobs kaum zählen. Schließlich heuerte er bei einem der weltweit führenden Häuser in der Computerbranche an und stieg dort innerhalb kürzester Zeit in führende Positionen auf.

Rasch wurde auch der Firmengründer des Slaughter-Imperiums, ein Herr gleichen Namens, auf ihn aufmerksam. Mehr noch: Robin Slaughter, ein gemütlich wirkender Mann in den besten Jahren, machte ihn zu seinem engsten Vertrauten. Bald behandelte er ihn wie seinen eigenen Sohn. Robert ging im prächtigen Palast der Slaughters ein und aus. So kam es nicht von ungefähr, dass er recht bald auch Slaughters Töchterlein Rosina begegnete. Dem anmutigen Mädchen gefiel der schlanke, dunkelhaarige Robert mit den verträumten Augen ausnehmend gut. Sie gewannen einander lieb. Kaum waren zwei Sommer ins Land gezogen, feierte man Hochzeit.

Zur Feier des Tages ernannte Slaughter seinen Eidam zum Statthalter in Europa. Im schönen Hamburg an der Elbe schlugen Robert und Rosina ihre Zelte auf. Schnell galt die Villa als eine der besten Adressen der Stadt. Prominente aus Politik, Wirtschaft und Wissenschaft rissen sich um Einladungen zu Rosinas glanzvollen Festen und Hauskonzerten.

Robert gefiel das alles gut. Er fuhr einen italienischen Sportwagen und trug Anzüge aus erlesenen Stoffen von den besten Schneidern. Rosina hielt Reitpferde, und auf dem Fluss vor dem Anwesen ankerte eine schnittige Hochseejacht.

Wie gesagt, Robert freute sich am Wohlstand. Genau genommen bedeutete er ihm aber nicht sehr viel. Lieber fuhr er auf Computermessen und erstand dort die teuersten und besten Gerätschaften, die man sich nur denken konnte. Und insgeheim wurde er auch der allabendlichen Gäste in seinem Haus bald überdrüssig. Ebenso erging es ihm mit Rosina, ohne dass er sich traute, es ihr zu sagen. Lieber verbrachte er lange Nächte in seinem Office, umgeben von jungen, wissbegierigen Mitarbeitern, als dass er mit Rosina über Mode, Pferde und Leckerbissen für die abendliche Tafel beriet.

Doch Rosina – ausgestattet mit einer gehörigen Portion gesunden Menschenverstandes – hatte ihrerseits längst erkannt, welchen Dingen Roberts eigentliche Zuneigung galt. Da sie ihn noch immer mochte, ließ sie es sich jedoch nicht anmerken. Dass aber die Liebe mählich erkaltete und das Mäuerchen der Fremdheit zwischen ihnen täglich wuchs, konnte das Schweigen der beiden Unglücklichen nicht verhindern.

Bei den Einladungen in Roberts und Rosinas Villa wurde nun immer häufiger ein zartgliedriger Mann mit dem Aussehen eines Filmstars gesehen, Generalkonsul eines südamerikanischen Landes in der Hansestadt. Pedro dos Santos war sein Name. Der feurige Latino machte Rosina den Hof, so dass manche Gäste – vornehmlich die Mitglieder alter Kaufmannsfamilien – unangenehm berührt in ihre Champagnerkelche starrten. Nur Robert schien von den Aktivitäten nichts zu bemerken, sah nicht, dass sich dort einer zum veritablen Nebenbuhler aufschwang. Erst als die Klatschpresse verfängliche Bilder von Pedro und Rosina beim morgendlichen Ausritt veröffentlichte, nahm er notgedrungen Notiz davon.

Er zuckte mit den Achseln und akzeptierte sein Los. „Ist sie wenigstens beschäftigt", sagte er zu sich selbst und wandte sich wieder Maus und Bildschirm zu.

Der berufliche Erfolg lief Robert geradezu nach. In kürzester Zeit machte er Slaughter zum Marktführer in Russland, in Polen und Tschechien. Daheim in Amerika rieb sich Robin die Hände vor Vergnügen. Vom Zustand der Ehe zwischen Rosina und Robert ahnte er ebenso wenig wie Roberts Eltern, brave schwäbische Unternehmer.

Slaughter Europa wuchs und blähte sich. Die Software-Entwickler standen Schlange, um dem Unternehmen immer bessere, immer ausgefallenere Programme anzudienen. Und Robert selbst entwickelte sein Meisterstück zusammen mit zwei jungen Medizinern aus der Altersforschung. Das Programm der drei zu beschreiben übersteigt die geringen Kenntnisse des Chronisten bei weitem. Immerhin so viel sei gesagt: Mit der Geriat-Software konnte jedermann mit ein wenig Körperflüssigkeit das genaue Datum bestimmen, an dem er lebensbedrohlich erkranken würde, und darüber hinaus den exakten Zeitpunkt des Todes.

Unter strengster Geheimhaltung hatten die drei ihr Programm an mehreren hundert Probanden getestet – ohne deren Wissen. Die Ergebnisse waren sensationell exakt. Eine 50-jährige Frau war wenige Wochen nach dem Test genau zum vorausgesagten Tag an einem bis dato nicht erkennbaren Herzleiden erkrankt und drei Monate später in der von Geriat ermittelten Todesstunde verschieden. Ein 60-jähriger Golflehrer brach stundengenau am 14. Loch mit einem Herzinfarkt zusammen. Eine Routineuntersuchung drei Monate zuvor hatte dem Mann bestätigt, er sei kerngesund und verfüge über eine Rossnatur.

Natürlich hatte Robert auch den eigenen Speichel untersucht. Falls ihm kein Unfall einen Strich durch die Prognose machte, würde er im Alter von 91 Jahren an einer unheilbaren Hepatitis-Art erkranken und zehn Monate später sterben. Einem seiner beiden Partner war solches Glück nicht beschieden. Ihm sagte der Test eine Leberzirrhose in spätestens einem Jahr voraus. Verzweifelt versuchte der junge Mann, eine Spenderleber zu ergattern. Was ihm nicht gelang, da er nach Auffassung aller behandelnden Ärzte eine völlig intakte Leber besaß.

Schließlich reiste er nach China, um dort ein Organ käuflich zu erwerben und es sich auch gleich einsetzen zu lassen. Er starb bei der Operation.

Diese Erfahrung erschütterte Robert. Er hatte auf einen Schlag erkannt, dass Geriat mehr Unheil anrichten als helfen würde. Er schlug dem anderen Mediziner vor, das Programm vollständig zu vernichten, was dieser keineswegs akzeptierte. Ja, er beschuldigte Robert, er plane, die Vernichtung nur vorzutäuschen, um Geriat unter anderem Namen alleine vermarkten zu können. Die beiden Männer stritten sich eines Abends im Office so heftig, dass der Arzt am Ende wie rasend auf Robert einschlug. In seiner Not ergriff der seine schwere Schreibtischlampe und traf mit ihr den Kopf seines Widerparts. Er war sofort tot.

Robert überlegte kurz. Er beschloss, zunächst alle Daten von Geriat zu vernichten, auf seinem Computer ebenso wie auf dem des Toten. Dann erst rief er Rosina an und die Polizei.

Robert wurde verhaftet. Bei der Vernehmung gab er an, es sei bei dem Streit lediglich um Geld gegangen. Eine Sondereinheit der Kriminalpolizei überprüfte aber in wenigen Wochen die Festplatten aller Rechner bei Slaughter Europe. Sie konnte nur feststellen, dass auf den PCs von Robert und dem Arzt große Mengen von Daten unmittelbar nach der Gewalttat gelöscht worden waren. Welcher Art diese Daten waren, konnte die Polizei nicht ermitteln, dazu war Roberts Verschlüsselungsmethode zu perfekt gewesen.

Die Beweislast gegen Robert war erdrückend. Und der Verdacht ebenfalls, er habe höchst brisante Daten vernichtet. Hatte Robin Slaughter anfänglich noch drohend in alle Fernsehmikrofone gesagt, er sehe in Roberts Fall eine infame Aktion der Konkurrenz oder fremder Geheimdienste, wahlweise der Chinesen oder der Russen, oder einen terroristischen Akt, um Slaughter International zu zerstören, so rückte er in den Wochen von Roberts Haft merklich immer weiter davon ab. Und als ihm seine Anwälte – die besten würde er für Robert besorgen, hatte er getönt – ihre Ansicht mitteilten, dass Robert schuldig sei und womöglich Übles gegen den Schwiegervater im Schilde geführt habe, ließ er ihn fallen, feuerte ihn fristlos und kündigte ihm jegliche Freundschaft.

Daran hatte auch die schöne Rosina ihren Anteil. Pedro dos Santos zog in die Villa am Elbgestade. Und sie gab zahlreiche Interviews, in denen sie – auf Pedros Rat hin – allerlei Merkwürdigkeiten über ihren Mann verbreitete. Die Sensationsblätter nannten ihn bald „Dr. Jekyll von Blankenese“, „Computer-Frankenstein“, „den ehrgeizigen Irren“ oder „Dr. Mabuse II“. Natürlich reichte Rosina die Scheidung ein, und Slaughters Anwälte bewiesen, dass aller Besitz nur Rosina respektive ihrer Familie gehörte.

Roberts Eltern im Schwäbischen raubte die Schande des geliebten Sohnes fast alle Lebenskraft. Krank und einsam geworden, verkrochen sie sich in ihrem vorarlbergischen Jagdhäuschen. Den Kontakt mit Robert hatten sie nach zwei Besuchen im Gefängnis abgebrochen. Roberts Vater wurde in den Medien mit dem Satz zitiert: „Ich habe keinen Sohn."

Was bei den Besuchen vorgefallen war, wussten neben den Eltern nur Robert, zwei Vollzugsbeamte, die Aufsicht führten, und Roberts Pflichtverteidiger. Glaubwürdigen Gerüchten zufolge sollten der Vater und der Anwalt Robert bedrängt haben, endlich auszusagen, was der wirkliche Grund für seine Tat gewesen sei. Aber Robert wiederholte nur ein ums andere Mal, es sei um Geld gegangen, um viel Geld. Schließlich habe der Vater gebrüllt: „Pack endlich aus, du Idiot! Pack aus, wenn du noch einen Funken Verstand hast." Robert habe ihn nur angelächelt, den Kopf geschüttelt und gesagt: „Es ging um Geld, um viel Geld."

Es kam, wie es kommen musste. Robert wurde verurteilt wegen Körperverletzung mit Todesfolge. Drei Jahre Haft saß er ab. Ein mustergültiger Gefangener. Still, ordentlich, fleißig. Den Versuch der Russenmafia, ihn durch einen Mithäftling zu gewinnen, wies er ebenso zurück wie andere Angebote aus dem organisierten Verbrechen. Während der Haftzeit starben Roberts Eltern innerhalb weniger Monate. So sehr hatte ihnen der Gram zugesetzt. Zuvor allerdings hatten sie ihren Sohn enterbt und ihr Geld der Kirche vermacht.

Roberts Anwalt machte die entfernte Tante ausfindig, die sich bereiterklärte, ihn nach seiner Entlassung aufzunehmen. Die stattliche Witwe kannte Robert kaum. Aber sie rechnete sich durchaus Chancen aus, mit ihm ein neues Glück zu finden.

Am Entlassungstag holte Tante Marga ihn vom Gefängnis ab. Sie fragte ihn, was er sich wünsche. Sie wollte ihn beschenken. Die beiden fuhren zu einem Elektronikdiscounter und erstanden jenen PC, an dem Robert fortan fast seine gesamte Wachzeit verbrachte. Jeder Versuch der Tante, mit ihm zu reden, endete gleich. Robert antwortete knapp und höflich. Von sich aus redete er nie mit ihr. Mitunter schwieg er tagelang. Auch alle zärtlichen Avancen der Tante wies er zurück. Marga, zu Beginn voller Elan, wurde immer missmutiger und zorniger. Schließlich verbannte sie ihn in den Keller, in dem er nun als armer Hacker hauste, was er klaglos hinnahm.

Das Interesse der Medien, das nach seiner Entlassung noch einmal heftig aufgeflackert war, erlosch bald. Aus dem „ehrgeizigen Irren" hatten sie zuletzt das „verblödete Superhirn" gemacht.

Robert focht es nicht an. Er las keine Zeitungen und sah nicht fern. Und auf den Gedanken, sich selbst im Internet zu googeln, kam er gar nicht. An einem Wintermorgen, nachdem sie mehrere Tage nichts von ihm gehört und er auf ihr Klopfen hin die verriegelte Tür nicht geöffnet hatte, alarmierte die Tante die Polizei. Sie fanden Robert in seinem Bett. Er lebte noch, konnte aber nicht mehr sprechen. Der herbeigerufene Arzt kam zu spät. Er konnte nur noch einen tödlichen Schlaganfall feststellen. Drei Tage später wurde Robert still im Familiengrab der Tante bestattet. Die Boulevardpresse erfuhr es zu spät. So endete der arme Hacker.

Natürlich ist die Geschichte noch nicht zu Ende, weil sich die Polizei verständlicherweise Roberts Computer vornahm. Sie hoffte, wenigstens posthum das Rätsel aus der Nacht im Slaughter-Haus lösen zu können. Auf der Festplatte fanden sie Dateien einer „Geriat-Stiftung". Innerhalb weniger Tage fügte sich für die Ermittler das Mosaik aus Daten zu einem kolossalen Bild zusammen. Der arme Hacker hatte mit seinen brillanten Fähigkeit ganz im Stillen und ohne auch nur einen Euro für sich zu benutzen aus den Netzwerken der internationalen Finanzwelt Hunderte Millionen Dollar gehackt und sie über diverse virtuelle Waschstraßen in die Geriat-Stiftung geschleust, die er in der Karibik installiert hatte. Sie speiste die Christmas-Holding, von der es hieß, anonyme Gönner aus aller Welt ließen davon jährlich zur Weihnachtszeit einen wahren Regen von Zuwendungen auf die ärmsten Gegenden der Welt niederprasseln: Stipendien für Slumkinder aus Südamerika, Medikamente für HIV-kranke Kinder in Afrika, Umweltprojekte in China, Solaranlagen rund um den Globus.

Schon vor Monaten hatten FBI, Interpol, die CIA und alle anderen bedeutenden Geheimdienste der Welt versucht, das Geheimnis der Christmas-Holding zu knacken. Sie waren alle gescheitert. Man hatte diverse Mafiaorganisationen als Hintermänner vermutet oder obskure Sekten. In dem verschachtelten System von Geriat ging ihnen allen die Luft aus.

Selbstverständlich produzierten die Medien nun weltweit aus der norddeutschen Kleinstadt schlagzeilenreiche Sonderserien und stundenlange Live-Übertragungen. Man interviewte Pedro dos Santos, den Präsidenten eines kleinen, armen südamerikanischen Staates, in dem die Christmas-Holding besonders wohltätig aktiv war. Rosina weinte in die laufenden Kameras und Robin Slaughter, selbst von Krankheit gezeichnet, stammelte nur: „What a great man!"

Robert hieß jetzt „der moderne Robin Hood", der „komische Heilige aus dem Keller" oder „Gottes seltsamster Engel".

Die entfernte Tante schenkte ihr Haus der Geriat-Stiftung, damit dort ein Museum eingerichtet werden konnte. Die Slaughters hatten sie großzügig dafür bezahlt. Und die Organisation für Afrikanische Einheit machte den 23. Dezember auf dem ganzen Kontinent zum „Robert's Day". „Schade, dass Robert all dies nicht mehr erlebt hat", sagte Rosina zu ihrem neuen Lebensgefährten, der früher Chauffeur des Generalkonsuls eines kleinen südamerikanischen Landes in Hamburg gewesen war und Robert mehr gemocht hatte als seinen Chef . Er sagte nur: „Schade, dass wir ihn alle nicht gekannt haben. Vielleicht war es tatsächlich ein Engel Gottes." Das fand Rosina nun übertrieben. Etwas übertrieben wenigstens.

4

HIRTEN AM STRAND

Die Hirten lagen am Strand. In der großen Herde. Ein jeder mit seiner Familie. Über der Lübecker Bucht hing der gläserne Schönwetterdunst. Die Wellen schlürften matt über den Sand. Kein Wind. Windstille. Flaute. Was nur die Segler und Surfer unruhig machte.

Die drei Hirten hatten mit Segeln in jeglicher Form nichts im Sinn. Das vereinte sie, bevor sie es wussten.

Daniel hütete den Strandkorb. Dennis, sein fünfjähriger Sohn, buddelte eine Schattenlänge von Papas nackten Zehen entfernt, was die kleine Schaufel hergab. Buddelte – baute keine Burg, modellierte keine Sandkrokodile – grub einen Krater. War schon einen halben Meter tief unter den Meeresspiegel vorgedrungen. Nahm keinen Daniel wahr.

Nach dem Frühstück in der Strandperle waren die Deckers wie jeden Tag mit dem Bollerwagen voller Grabungsgeschirr, Badesachen, Federballschläger, Sonnenschutzmittel, Lesestoff und Proviant an ihrem Platz eingetrudelt.

Und dann verteilten sie sich wie in der ganzen Woche zuvor, die sie nun in Haffkrug urlaubten: Daniel mit dem Rätselheft in den Strandkorb, Elke gut eingeölt auf die Liege in der prallen Sonne, Vanessa zu ihren neuen Freunden auf das Beachvolleyball-Feld und Dennis an die Arbeit.

Das hat er nicht von mir, dachte Daniel, als er seinen Sohn beim Ausschachten beobachtete. Diese Emsigkeit, diese Ausdauer, diese Konzentration aufs Schaufeln. Das hat er nicht von mir. Aber von Elke hat er's auch nicht. Wir arbeiten nur, weil wir müssen. Uns ist alles anstrengend.

Die Deckers lebten in einem der üblichen Neubauviertel im Speckgürtel von Hamburg. Reihenhaus? Reihenendhaus! Reihenendhaus – das war Elke wichtig, wann immer sie Auskunft über ihre Wohnverhältnisse gab. Reihenendhaus – quasi eine Doppelhaushälfte. Nur an einer Seite Nachbarn. Die Friedrichs mit ihrer Musikmacke. Alle Friedrichs machten Musik. Cello, Klavier, Trompete, Querflöte. Und ab September übten sie nebenan weihnachtliche Lieder. Gut, dass die Deckers nicht in einem Reihenmittelhaus wohnten. Mit Friedrichs auf beiden Seiten. Dann wären sie längst in der Klapse oder hätten die Hütte verkauft. Nein, mit diesen Nachbarn musste man, Gott sei dank, nur auf einer Seite leben.

Nicht, dass Elke und Daniel keine Musik mochten. Nein, das durchaus nicht. Sie besaßen schöne CDs. Elke hörte bei der Hausarbeit gerne Musik. Und wenn ihr das Radio auf die Nerven ging, dann warf sie auch mal den Player an. Elke hasste Hausarbeit. Nur: Irgendjemand musste ja aufräumen und waschen und bügeln. Und Daniel konnte Gartenarbeit nicht leiden. Deshalb war er froh über das kleine Grundstück. 30 Quadratmeter Rasen – die mähte er einmal die Woche. Irgendjemand musste es ja machen. Ansonsten Bodendecker, immergrüne Sträucher, zweimal im Jahr mit der Heckenschere drüber. Das ging.

Komisch, Dennis hat zu Hause nicht einmal eine Sandkiste. Wollte keine. Aber hier am Strand grub er und grub und grub.

Urlaub ist schon was Schönes. Daniel reckte sich und gähnte. Ein wenig rätseln, über der Zeitung einnicken. Kurz ins Wasser. Ein Eis holen. Aufs Meer schauen. Und wenn es regnete – diesmal hatten sie unverschämtes Glück –, wenn es regnete wie im letzten Sommer, dann saß Daniel halt auf der Terrasse der Strandperle und rätselte dort oder las oder nickte ein oder holte sich noch ein Bier aus dem Kühlschrank im Frühstücksraum. Für Elke war es doof, wenn der Himmel bedeckt war. Weil, im Urlaub musste man braun werden. Dann musste sie auf die Sonnenliege im Fitnessraum der Pension. Das war dann kein richtiger Urlaub.

Daniel war es egal, ob er im Urlaub braun wurde oder nicht. Eigentlich ist das ja auch Arbeit, das Sonnenbaden. So flatterten die Gedankenfetzen durch Daniels Kopf, während er sich im Strandkorb fläzte und Dennis beim Buddeln zuschaute.

Bernd kam vom Kiosk zurück, mit einem Stapel Autozeitschriften unter dem Arm. Er steuerte zielstrebig auf Strandkorb 38 zu. Das war der links neben dem der Deckers. Der blonde Bernd mit der schicken Sonnenbrille auf dem hochroten Gesicht. Daniel sah ihn kommen. Was nicht hieß, ihn auch zu grüßen. Das machte er nicht. Warum auch? Kannte ihn doch nur vom Sehen. Saß in seinem Korb, las, schlief, las, schlief. Und Bernds Frau lag auf ihrer Liege und las und schlief und las und schlief. Und die Tochter der beiden, ein pummliger Teenager, wechselte dreimal den Bikini und lackierte zweimal am Tag ihre Fingernägel. Ansonsten lag sie auf ihrem Badetuch, den MP3-Player neben sich, die Ohren zugestöpselt, und hielt ihr Gesicht in die Sonne. Das tat sie schon die ganze Woche. Daniel fand an dem Mädchen nichts. Das hatte er schon in der ersten Sekunde registriert, vorgestern, als die drei Korb 38 bezogen hatten.

Fabian in der knappen schwarzen Tangahose unter dem Bäuchlein machte an der Wasserlinie seine täglichen Übungen. Stretchen, Liegestütze, laufen auf der Stelle, stretchen. Mia rief ihm aus dem Wasser fröhlich etwas zu, bedeutete ihm mit lockenden Gesten, auch ins Wasser zu kommen. Fabian lehnte ab. „Ich geh Futter holen“, rief er, „was für ne Pizza möchtest du, Mia?“ – „Bring mir eine Speziale mit und für Thorsten eine Salami.“ Thorsten, schätzungsweise 14, war vor einer halben Stunde mit Ball verschwunden. Mia sah eigentlich viel zu jung aus, um Thorstens Mutter sein zu können, stellte Daniel erneut fest. Höchstens dreißig. Mindestens zehn Jahre jünger als der Gymnastiktyp, wie Daniel Fabian für sich nannte. Mia planschte vergnügt, und als Fabian sich zum Gehen wandte, rief sie: „Und schau, dass du vor Weihnachten zurück bist!“ – „Okay“, antwortete Fabian, „kann aber schon November werden.“ Dann setzte er sich in Trab.

Doch schon nach wenigen Schritten stoppte er ab, drehte sich Daniel zu und fragte: „Kann ich euch was mitbringen? Ich geh rüber ins Sole mio, die ham tolle Pizzen."

Damit hatte Daniel nun wirklich nicht gerechnet. Nee, wollte er schon sagen, nein danke! Elke kam ihm zuvor. „Das ist ja echt klasse. Spitze. Ich hätte gerne eine Napoli und Daniel was mit Thunfisch. Soll ich das Geld mitgeben oder rechnen wir nachher ab?" – „Lassen Sie mal", meinte Fabian, dann drehte er sich zu Bernd um: „Und für euch?" – „Ja ist denn schon Weihnachten?, wie der Kaiser sagt. Also eine Pizza nur mit Käse. Doris? Anna? Für die Frauen nix. Diät!" – „Doch", widersprach Anna und stöpselte die Knöpfe aus den Ohren, „eine Schinkenpizza." Und Doris ergänzte: „Für mich irgendwie vegetarisch, Tomaten-Broccoli oder so."

„Einmal vegetarisch, bitteschön, die Dame", gab Fabian den Kellner, notierte auch diesen Wunsch und machte sich auf den Weg.

Doris, Bernd, Elke und Daniel fingen an, miteinander zu reden. Über Kochen wie die Italiener, Baden in der Ostsee, Algen und rote Quallen. Während Anna auf ihr Badetuch und in die MP3-Welt zurücksank, während Dennis buddelte und von Vanessa und Thorsten weiter nichts zu sehen war. Mia entstieg dem Wasser, schüttelte die dunkle Mähne und begann sich abzutrocknen. Daniel traute sich gar nicht mehr hinzuschauen, sie auf ihre Sexqualitäten hin zu taxieren. Nun kannte man einander ja.

„Wo kommt ihr her?", klinkte sich Mia ins Gespräch ein. „Hambuich", sagte Bernd. „Barsbüttel", murmelte Daniel. „Nie gehört, wo ist das?" – „Bei Hambuich." – „Echte Nordlichter also", freute sich Mia, bei der Daniel einen fremden Akzent bemerkte. „Und ihr?", wollte er wissen. „Bonn. Da wohnen wir." – „Aber da bisse nich von wech. Das hör ich", mischte sich Doris ein, „ich bin nämlich aus dem Ruhrgebiet. Du kommst nicht aus dem Rheinland." – „Doch", widersprach Mia, „da bin ich aufgewachsen. Geboren bin ich in Palästina. Ich war zehn, als meine Eltern nach Deutschland gingen." Das irritierte Doris: „Aus Palästina?

Das ist doch arabisch? Und dann darfst du so am Strand rumlaufen?" Mia lachte, und Daniel musste ihr einfach auf den Mund gucken. Sie hatte so schöne Zähne und so ein tolles Lachen. „Nicht alle Palästinenser sind Muslime. Wir sind Christen. Und ich bin ein Christenkind aus Bethlehem." – „Also doch Weihnachten, mitten im Sommer, und da kommen auch schon die Pizzen", kommentierte Bernd und winkte Fabian zu, der reich bepackt zum Spagat über Dennis' Baugrube ansetzte. Elke kramte das Portemonnaie heraus. Fabian legte ihr die Hand auf den Arm: „Ihr seid eingeladen."

Abends saß man im Sole mio. Daniel und Elke übernahmen die Zeche. Am nächsten Abend luden Doris und Bernd zum Grillen in den Garten ihres Ferienhauses. Thorsten und Vanessa schauten kurz vorbei und versprachen, um elf von der Stranddisco zurück zu sein. Bernd kam auf die Idee, die neue Clique den Weihnachtsclub zu nennen. Und schlug nach ein paar Bier vor, „Oh du fröhliche" zu singen. Das geschah dann auch. Was in den angrenzenden Appartements für wilde Mutmaßungen sorgte. Und dann sagte Elke: „Wollen wir nicht zusammen Weihnachten feiern?" Das fand sogar Anna gut, die ansonsten ein wenig muffelte, weil sie Thorsten auch „ganz nett" fand, der aber nur mit Vanessa unterwegs war.

„Eine verrückte Idee", murmelte Daniel, als sie ins Bett gingen. „Ich fänd das toll", gähnte Elke und löschte das Licht. „Und die Friedrichs laden wir auch ein, die sollen Musik machen." Daniel nahm Elke in den Arm und gab ihr einen Kuss. „Ich kenn dich nicht wieder, Maus." – „Ich weiß nicht, ob du mich überhaupt kennst. Gute Nacht, mein Schatz!"

5

DER SCHORNSTEINFEGER

Unser Nikolaus war ein echter Bischof, kein Kerl im roten Wams, kein Kamerad mit Pappmütze und Fantasiekostüm, dem man die vorherige Verwendung als Vorhang noch ansah. Unser Nikolaus trug Soutane und Mozetta im bischöflichen Violett, darüber einen knielangen Chorrock mit Spitzen und auf dem Kopf eine bestickte Mitra. Seine Hände steckten in weißen Pontifikal-Handschuhen. Und auf dem behandschuhten Ringfinger seiner Rechten steckte ein Bischofsring. Ein Kirchenfürst durch und durch.

Auch der Krummstab unseres Nikolaus war keine billige Bastelarbeit auf Basis eines Besenstils. Wenn dieses bischöfliche Requisit nicht wirklich „echt" war, dann doch täuschend echt nachempfunden. Der lange weiße Bart des heiligen Mannes war ebenfalls alles andere als ein billiges Watte-Imitat, sondern hätte in jeder Theatergarderobe bestehen können.

Der Nikolaus kam zu uns tatsächlich am Vorabend des 6. Dezembers. Wenn es dunkel geworden war, platzierte die Mutter uns auf dem Sofa im Wohnzimmer. Die Kerze auf dem Adventskranz wurde entzündet. Wir warteten gespannt. Vater stand am Fenster und spähte auf die Straße hinaus. „Er kommt!", sagte er irgendwann. Und wenig später schritt der Bischof von Myra durch die Tür, ruhig und in atemraubender Würde. Unter dem Arm trug er das große goldene Buch, auf der Nase eine goldene Brille. „Guten Abend, liebe Kinder!" Das klang ebenso gütig wie streng.

Was er nicht alles wusste! „Der Arnd ist eigentlich ein lieber Junge. Nur manchmal gehorcht er nicht. Vor allem, wenn es Zeit ist, zu Bett zu gehen, müssen ihn die Eltern oft mehrfach ermahnen, bis er endlich in den Schlafanzug schlüpft. Vor dem Essen wäscht er sich die Hände nicht. Und er hänselt seine kleineren Geschwister, bis es Streit gibt." Wenn er mein Sündenregister vorlas, machte er immer wieder kleine Pausen und sah mich bedeutungsvoll an. Mir schlug das Herz im Halse, bis er schließlich auf meine guten Taten zu sprechen kam.

„Arnd hilft gerne der alten Frau Schmidt von nebenan. Er geht für sie einkaufen und schleppt ihr schwere Sachen. Und, was den Nikolaus besonders freut, er hat ein Adventsgedicht auswendig gelernt. Das darf er mir nun vortragen." So geschah es. Dann kamen meine beiden Geschwister an die Reihe. Wir sangen gemeinsam „Macht hoch die Tür, die Tor macht weit" oder ein anderes Adventslied. Es folgte noch eine freundliche Ermahnung. Endlich überreichte er jedem von uns einen kleinen Leinensack mit Geschenken und segnete uns. Vater geleitete ihn zur Tür. Wir mussten sitzen bleiben, durften nicht zum Fenster gehen, um ihm nachzusehen.

Das ging ein paar Jahre so. Natürlich bekam ich irgendwann doch heraus, dass es gar nicht der wirkliche Nikolaus war, der uns besuchen kam. Die Eltern hatten diesmal nicht verhindern können, dass ich es war, der den Heiligen kommen sah. Vor unserem Haus hielt ein alter 190er-Mercedes, den ich eindeutig als den von Herrn Rasch identifizierte, einem guten Bekannten meiner Eltern. Und aus dem stieg der Nikolaus, holte seinen Bischofsstab und das goldene Buch vom Rücksitz. Zunächst versuchten die Eltern mir einzureden, ich hätte mich getäuscht. Dann behaupteten sie, Alois Rasch sei der Chauffeur vom Nikolaus. Beides überzeugte mich nicht.

Als der Nikolaus im nächsten Jahr wiederkam, war ich nicht mehr zu täuschen. Mir fielen einige Sachen auf, die mir früher nie komisch vorgekommen waren: Der Nikolaus sprach zwar hochdeutsch, aber gefärbt vom singenden Alemannisch unserer Gegend. Ich erkannte hinter seinen blinkenden Brillengläsern Herrn Raschs Augen. Und die Schuhe hatte ich ein paar Tage zuvor an Raschs Füßen gesehen. Ich war mir absolut sicher. Aber ich ließ den Darsteller gewähren, meiner jüngeren Geschwister wegen, an deren Verhalten ich erkannte, wie sehr sie die Erscheinung für bare Münze nahmen.

Als Nikolaus sich verabschiedet hatte, mochte ich jedoch mit meinen Entdeckungen nicht mehr hinter dem Berge halten. Mein Bruder war entsetzt, meine Schwester weinte. Und die Eltern versuchten noch immer zu retten, was nicht mehr zu retten war. Der böse Arnd wurde in sein Zimmer geschickt. So endete der letzte Besuch des heiligen Bischofs bei den Brummers.

Alois Rasch war im wirklichen Leben Schornsteinfegermeister und ein frommer Katholik. Er gehörte dem „Konzilskreis“ an, einer Gruppe von katholischen Laien, die in den Wohnungen ihrer Mitglieder bis in die Nacht zunächst euphorisch, dann mehr und mehr skeptisch die Ereignisse des in Rom tagenden II. Vatikanischen Konzils diskutierten. Auch meine Eltern zählten zum Kreis.

Eigentlich hatte Alois Rasch Priester werden wollen. Als sein älterer Bruder aber im Krieg gefallen war, gab es keine Diskussion: Alois musste das väterliche Kaminkehrergewerbe übernehmen und sein Theologiestudium abbrechen. Er heiratete und zeugte ein halbes Dutzend Kinder. Seine Geschichte erzählte er mir viele Jahre später bei einem runden Geburtstag meiner Mutter. Er tat es knapp und in derselben unaufgeregten Tonlage, in der er seinen Nikolausdienst ausgeübt hatte. „Ja“, schloss er, „ eigentlich war es gut so. Mit dem Zölibat und mir, das wäre nicht gut gegangen. Und das Geschäft hat mir dann doch auch viel Freude gemacht.“

Nur einmal im Jahr gestattete er sich das Eintauchen in die Welt der Kleriker, wenn er für die Kinder von Freunden und Bekannten den Nikolaus gab. Für die bischöflichen Gewänder hatte er viel Geld ausgegeben. „Wenn schon, dann richtig“, meinte er nur. Aber es war keineswegs nur der Ornat, es war die Haltung des Mannes, die Art, wie er den Bischof gab, die uns Kinder überzeugt hatte.

Als mir meine Mutter mitteilte, dass der alte Rasch gestorben sei, stiegen in mir Bilder aus der Welt des Kinderglaubens auf. Ich sah den echten Bischof von Myra an der Himmelspforte den Schornsteinfeger als lieben Kollegen begrüßen und ihn in die Abteilung wirklicher Nikoläuse geleiten. Ich dachte, der katholischen Kirche sei mit diesem Mann ein guter Priester verloren gegangen, und korrigierte mich gleich wieder: Er ist ihr nicht verloren gegangen. Er hat sein Priestertum als Glaubender gelebt. Einmal im Jahr hat er es ausgelebt, in der Nikolausfigur.

Einen Tag, nachdem meine Mutter gestorben war, führte mich ein Mensch vom Friedhofsamt zum Platz, der ihre Grabstätte werden sollte. Ich sah mich um. Der Stein auf dem Grab zur linken Hand trug die Inschrift: Alois Rasch, 1919–2005. Ihre sterbliche Hülle ruht in guter, in bester Gesellschaft.

6

SPÄT DRAN – MITTEN IM OKTOBER

Einige Leute sollen bereits im Sommerurlaub über Geschenke, Weihnachtseinkäufe und Ablaufpläne zum Fest nachdenken und wollen spätestens Ende September mit dem Verpacken der Gaben durch sein. „Spät dran", hätte meine Tante Martha kommentiert.

Tante Martha nutzte gerne den inzwischen nahezu ausgestorbenen Sommerschlussverkauf, um die Gaben für ihre Lieben einzusammeln. Schon in den Osterferien hatte sie Papier und Stift zur Hand genommen, es sich auf der Wohnzimmercouch gemütlich gemacht und ihre erste Geschenkliste aufgestellt. Eine lange Reihe von Namen wurde angeführt von „Helmut" und „Benedikt", ihren Söhnen, und den Schwiegertöchtern, „Sabine" und „Tina". Es folgten deren Kinder, dann die weiteren engen Verwandten, darunter wir Nichten und Neffen, entferntere Verwandte, alte Freundinnen, jüngere Freundinnen und Freunde, gute Bekannte, besonders sympathische Nachbarn und schließlich jene, die wir heutzutage unter dem Begriff „Dienstleister" zusammenfassen: Hausarzt nebst Personal, Putzfrau, Müllmänner, Zeitungsausträger, Getränkelieferant, die beiden besonders freundlichen Damen aus der Apotheke, die Blumenverkäuferin und die Zahnarzthelferin. Die Leute in der Metzgerei, im Vorjahr noch bedacht, nahm Tante Martha diesmal nicht mit auf. Dreimal hatte sie sich über die Qualität von Fleisch und Wurst geärgert und noch heftiger jedes Mal über die Art und Weise, wie ihre Reklamation achselzuckend weggebügelt worden war.

Für jede Kategorie setzte Tante Martha sodann einen Betrag fest, der – was sie höchst ungern tat – in bar ausgezahlt oder in ein Präsent investiert wurde. Müllmänner, die bei Wind und Wetter hinten auf dem Wagen standen, bekamen aus pragmatischen Gründen Geld. Wo sollten die armen Kerle während einer Dienstfahrt im Regen oder bei Schneefall ihre Geschenke aufbewahren? „Geld kann man in die Hosentasche stecken“, überzeugte Martha sich selbst.

Schon der Zeitungsausträger mit Moped und Anhänger stellte einen anders gelagerten Fall dar. Er bekam drei Schachteln seiner bevorzugten Zigarettenmarke. Das war vor zwanzig Jahren gesundheitspolitisch noch nicht inkorrekt. Tante Martha – im Übrigen nie etwas anderes als Nichtraucherin – trank auch sehr mäßig Alkohol. Dennoch versorgte sie die Sprechstundenhilfe des Hausarztes mit einem selbst gemachten Eierlikör, die Blumenfrau mit einem lieblichen Moseltröpfchen und die Putzfrau mit einem Fläschchen halbtrockenen Sekt.

Der Hausarzt, ein alter Vertrauter der Familie, erhielt sechs Havannazigarren oder eine Flasche Weinbrand. Bei Tante Marthas Beerdigung erzählte er mir, dass er beide Dinge einstens sehr geschätzt und dies bei einer Plauderei Martha mitgeteilt habe („Das muss Anfang der sechziger Jahre gewesen sein“). Nach einem kleinen Infarkt in den Siebzigern hatte er es dann aber versäumt, seine Stammpatienten über die daraus folgende Veränderung seiner Lebensweise zu informieren. „Als ich dann zum nächsten Weihnachten von Ihrer Tante und ein paar anderen wieder mit dem Zeug beschenkt wurde, brachte ich es nicht übers Herz zu sagen: Nein danke, aber ich rauche keine Zigarren mehr und verzichte auch auf Hochprozentiges.“ Mit den Zigarren erfreute er seither Gäste, „und der Cognac wird ja nicht schlecht“.

Die Palette der möglichen Gaben an freundliche Menschen aus Marthas Umgebung ist fast vollständig beschrieben, wenn man weiß, dass sie Nachbarn und entfernte Verwandte gerne mit Pralinen, Marzipan, Schokolade, Gebäck und Konfekt versorgte, nähere Verwandte wie meine Geschwister und mich mit Quartettspielen, als wir noch Kinder waren, später dann mit Kunstkalendern, Krawatten, Kerzen und Christbaumschmuck.

Auszeichnung und Tadel fanden sich auch unter Tante Marthas Gaben. Wenn sie jemanden besonders mochte, machte sie sich die Mühe, seinen literarischen und musikalischen Geschmack herauszufinden. Ich darf mich zu den Geehrten rechnen. Mal fand sich eine Schallplatte mit der Aufnahme eines Mozart-Klavierkonzertes für mich unterm Baum, mal ein Büchlein über Georg Christoph Lichtenberg oder Johann Peter Hebel. Dabei eine Karte mit Tante Marthas gestochen schöner altertümlicher Handschrift: „Meinem lieben Neffen als geistige Nahrung!" Meine Cousine Lilly erhielt Pferdeliteratur. Dazu zählte nach Tante Marthas Meinung wohl auch „Der Schimmelreiter" von Theodor Storm. Warum sonst hätte sie einem Schwabenmädel dieses Werk schenken sollen? Gefragt haben wir sie natürlich nicht.

Die erzieherische und kritische Funktion der Geschenke musste Vetter Sebastian ertragen. In dem Jahr, in dem er seine Freundin samt gemeinsamem Kind verlassen hatte, lag für ihn das Buch „Das Prinzip Verantwortung" von Hans Jonas auf dem Gabentisch. Niemals hatte sich Sebastian mit Weltethik beschäftigt, genauso wenig wie die Schenkerin. Nur der Titel muss Tante Martha, die Sebastians Entscheidung offen missbilligte, zur Auswahl bewogen haben. Sebastian war sauer, und seine Mutter Gerda, Marthas Schwester, blaffte: „Meinen Jungen mag sie einfach nicht. Der hat immer unrecht. Immer drückt sie ihm was ins Wachs!" Ich fand das Geschenk gar nicht so falsch. Hans Jonas' ökologischer Imperativ wenigstens konnte auch als Maßstab für Sebastian nützlich sein: „Handle so, dass die Wirkungen deiner Handlung verträglich sind mit der Permanenz menschlichen Lebens auf Erden." Da Sebastian Marthas Geschenk aber genau richtig falsch verstanden hatte, ließ er sich dadurch nicht trösten, dass seine Entscheidung zumindest ökologisch nicht zu beanstanden schien. Den angebotenen Tausch des Buches gegen zwei Flaschen Riesling immerhin akzeptierte er.

Schwiegertochter Tina erhielt im Jahre 1985 eine Kittelschürze. Dieses dienstbare Kleidungsstück war noch in den sechziger Jahren in weiten Kreisen der deutschen Gesellschaft ein durchaus übliches Geschenk für junge Frauen. Wir jedoch wussten, dass sich gerade Martha damals wenig gefreut hatte über die blassblau-grün-rote oder lila-rosa-gelbe Arbeitsmontur als Aufmerksamkeit der eigenen Schwiegermutter zu Weihnachten. Die Schürze war mit Bedacht ausgesucht, Tina promovierte in dieser Zeit als Biologin, und Benedikt, noch Politikstudent, versorgte die kleine Tochter und half im Haushalt mit. Aus Tante Marthas Sicht befand sich die Lastenverteilung offenbar außerhalb der Balance.

Tina reagierte genau so, wie wir sie mochten. Sie nahm die Schwiegermutter in die Arme und sagte: „Danke, Mama. Ich weiß dein Angebot zu schätzen. Ich hätte schon auch eine Schürze für dich gehabt, wenn du uns das nächste Mal besuchen kommst. Aber dieser Gutschein", sagte sie und hielt das Geschenk hoch, „ist mir als Symbol deiner Hilfe viel wert." Martha lächelte: „Du hast mich verstanden." Irgendwie falsch richtig, aber im diametralen Gegensatz zu Sebastian.

Wenn Tante Martha im Spätsommer ihre Waren zusammengesammelt hatte, hortete sie die Päckchen und Pakete in ihrem Weihnachtsschrank im Keller. Mancher hatte geahnt, dass sein Geschenk nicht in den Tagen vor dem Fest beschafft und verpackt worden war. Besonders die Empfänger von Essbarem. Erst die Einführung von Verfallsdaten auf den Verpackungen lieferte die Beweise dafür, wie frühzeitig Tante Martha auch diesen Teil ihrer Gaben eingelagert hatte.

Je älter sie übrigens wurde, desto weiter voraus – und auf Verdacht – kaufte sie ein. Als sie starb, fanden Helmut und Benedikt in der Wohnung jedenfalls in Weihnachtspapier eingeschlagene Präsente unterschiedlichster Art, mit kleinen Namenszetteln versehen, die mindestens drei Jahre zuvor gekauft worden waren.

Tante Marthas Tod hat alle überrascht. Auch sie selbst. Diese energische alte Dame hätte sonst beizeiten die nötigen Vorbereitungen für ihr Begräbnis getroffen. Aber der Tod ist – anders als Weihnachten – nichts, was klar terminiert ist. Über Jahre hinweg hatte Martha uns erzählt, dass jeder Trauergast, der sie auf ihrem letzten Weg geleitete, ein kleines Geschenk als Erinnerung mit nach Hause nehmen sollte und dass sie diese Gabe beizeiten aussuchen und in genügender Menge bereithalten würde, an einem Ort, den sie ihren Nächsten klar bezeichnen würde. Nichts dergleichen war angeordnet. „Spät dran", seufzten die Söhne. Doch dann erinnerten sie sich der vorsorglich beschafften Weihnachtsgeschenke. Und zum Leichenschmaus verteilten sie die Gaben, mitten im Oktober.

Tante Martha hätte selbstzufrieden gelächelt und geraunzt: „Wenn ihr mich nicht hättet …"

7 ECHT TOLL, DAS MÄDEL

Wieder Motorengeräusche. Er hört das Auto die Straße herauffahren. Er horcht, er hofft. Nein, auch dieser Wagen fährt mit ungemindertem Tempo vorbei. Drei Uhr in der Frühe. Jochen Triller ist hundemüde. Und diese seltsame Mischung aus Wut und Sorge, aus anschwellendem Zorn und um sich greifender Angst hält er kaum mehr aus. Ruhig sein! Ganz ruhig! Beate braucht ihren Schlaf. Und die beiden Kleinen müssen auch um sechs schon wieder raus, damit sie rechtzeitig in die Schule kommen. Kaffee kochen? Sich anziehen? „Noch fünf Minuten. Fünf Minuten gebe ich ihr noch!"

Da! Jetzt kommen sie. Das Auto hält mit laufendem Motor vor der Haustür. Jochen geht ans Fenster. Sie können ihn nicht sehen, weil er kein Licht im Wohnzimmer angemacht hat. Sie knutschen. Dabei könnte der Typ doch wenigstens den Motor abstellen. Muss denn die ganze Nachbarschaft mitbekommen, dass Beate und er bei der Erziehung von Miriam völlig versagt haben? Endlich. Endlich steigt sie aus. Wie zufrieden und heiter sie aussieht. Na warte, meine Süße!

Als Miriam die Tür öffnet, knipst Jochen die Lampe im Flur an. „Hallo Paps!" Sie scheint tatsächlich überrascht zu sein, dass er noch wach ist. „Weißt du, wie spät es ist?" – „Uups. Schon zehn nach drei. Tut mir leid." Mit diesem Lächeln hat das Kind ihm immer den Wind aus den Segeln genommen, seit sie auf der Welt ist. Als er merkt, dass es wieder funktioniert, dass er weich wird, ärgert er sich. „Das geht nicht, Miriam. Du bist sechzehn. Das geht nicht", faucht Jochen.

Und jetzt kommt der genervte Ton. Auch den kennt er. Dieses gedehnte „Jaaa, ich weiß", eine Mischung aus Arroganz und Schuldeingeständnis. Schlimm. Ganz schlimm. Wenn er losbrüllt, hat er verloren. Wenn er versucht, ruhig zu bleiben, auch. Sie gähnt, während sie ihre Jacke auszieht. Scheint ihn nicht zu beachten. „Miriam", spricht er leise, „das geht wirklich nicht! Und sag' jetzt nicht: Jaaa." Es ist ihr lästig. Er sieht es an ihrem Blick. Sie versucht, ganz beiläufig zu tun, geht in die Küche, an den Kühlschrank, holt die Wasserflasche raus. Und er? Steht im Schlafanzug auf dem Flur.

Beschissen ist das. Natürlich ist er erleichtert. Unmöglich ist das. Unmöglich. „Kannst du dir vorstellen, dass ich mir Sorgen gemacht habe? Denkst du eigentlich eine Sekunde an deine Mutter und mich, wenn ihr die Sau rauslasst?" – „Paps." Sie will sich tatsächlich noch ein Brot machen. „Was willst du von mir hören, Paps? Okay. Ich bitte dich um Entschuldigung. Okay?"

Nichts ist okay. „Soll ich dir erzählen oder willst du mich beschimpfen?" Dieser Ton. Nicht diesen Ton! „Ich will dich nicht..." – „... du willst mich nicht beschimpfen. Du hast dir Sorgen gemacht. Du bist sauer. Soll nicht wieder vorkommen." Das sagt sie jedes Mal. Und er muss wieder den Strengen geben. Muss Verbote aussprechen. Beschissen ist das. Versagt! Als Vater total versagt. Man muss ehrlich mit sich sein.

Sie lehnt am Küchenschrank. Ein wenig provokant. Er betrachtet seine Tochter. Eine wirklich gut aussehende junge Frau ist sie geworden. Eine junge Frau. Und er ist ein alter Depp, weil er sich wieder einwickeln lässt von ihr. „Die wickelt dich um den Finger." Er wird nicht mehr widersprechen, wenn seine Schwägerin ihm das sagt.

„Also, Paps, was willst du? Soll ich dir erzählen oder wollen wir schlafen gehen? Morgen haben wir Weihnachtsfeier in der Schule. Ich spiele in unserem Stück mit. Da muss ich fit sein." Unglaublich. „Ich habe dich doch nicht gezwungen, bis in die Puppen unterwegs zu sein!" – „Ich weiß, Paps. Aber wir hatten ein dermaßen megaspannendes Gespräch über Jesus, da haben wir glatt die Zeit vergessen." Über Jesus! Wer's glaubt, wird selig. „Das kannst du deiner Oma erzählen.

Über Jesus. Da hört doch alles auf!" Hat Miriam sich je für Religion interessiert? Nicht, dass Jochen wüsste. „Ich höre."

„Dieser Jesus, ne? Der war ja ein richtiger Rebell. Stimmt's?" Was soll er nun darauf antworten? „Kann man so sagen", vermutet Jochen mal. „Der hat sich ja nicht einschüchtern lassen. Von niemandem. Von keinem Pharisäer, von keinem Römer. Lieber hat er sich kreuzigen lassen." – „Und darüber habt ihr geredet? Mitten in der Nacht in der Disco?" Soll er das wirklich glauben? „Nee, nicht genau darüber. Wir sind über Weihnachten darauf gekommen. Da ist er ja so ein richtig süßes Kind. Meinst du, er ist so geblieben? Oder hat er Stress gemacht? So mit drei, mit sechs, mit sechzehn? Barbara und Mike haben gemeint, dass der Jesus immer nett zu seinen Eltern war. Ich glaub' das nicht. Wer so stark ist und so einen Willen hat, der muss das üben. Ich meine, er war vielleicht nicht frech, aber er hat sein Ding durchgezogen."

Jochen holt sich auch ein Glas. „Darüber habe ich noch nie nachgedacht." Er kramt in seinem Gedächtnis. Was weiß er von Jesus als Kind? Nicht viel. Ehrlich gesagt, nichts. „Miriam, es ist bald halb vier. Ich will ins Bett." – „Gleich, Paps. Nur noch eine Minute." Wann haben sie in der Familie je über so etwas gesprochen? Als die Kinder klein waren? Nee. Sie haben Weihnachten gefeiert. Und Ostern natürlich. Das war's. Sie haben es nicht anders gemacht als die meisten.

„Die Baumann – unsere Reli-Lehrerin – hat erzählt, wir wüssten über die Kindheit von Jesus aus den Evangelien ganz wenig. Mit zwölf war er mit seinen Eltern in Jerusalem. Bei irgendeinem großen Fest." Ja, ja, ja. Die Geschichte kennt Jochen. „Da ist er verloren gegangen und sie haben ihn gesucht." Miriam spricht jetzt ganz ernst. Er mag das, wenn sie es ernst meint. „Sie haben ihn gesucht und nach drei Tagen im Tempel gefunden. Er hat mit den Gelehrten diskutiert. Sie müssen ziemlich sauer auf ihn gewesen sein, aber auch erleichtert, als sie ihn endlich gefunden hatten." Drei Tage, das kann nicht stimmen. Daran würde er sich erinnern. Nun will er es aber genau wissen.

Jochen geht zum Bücherregal. Irgendwo muss hier doch die Bibel rumstehen, die sie zur Hochzeit bekommen haben. Er blättert. Er findet die Geschichte. Er liest: „Nach drei Tagen fanden sie ihn im Tempel sitzen mitten unter den Lehrern, wie er ihnen zuhörte und fragte. Und alle, die ihm zuhörten, wunderten sich über seinen Verstand und seine Antworten. Und da sie ihn sahen, entsetzten sie sich. Seine Mutter aber sprach zu ihm: Mein Sohn, warum hast du uns das getan? Sieh, dein Vater und ich haben dich mit Schmerzen gesucht. Und er sprach zu ihnen: Wieso habt ihr mich gesucht? Wisst ihr nicht, dass ich im Haus des Vaters sein würde? Und sie verstanden ihn nicht."

„Und, Paps?" – „Ja, stimmt. Du hast recht. Wir machen jetzt Schluss."

Sie gibt ihm einen Gute-Nacht-Kuss. „Kommst du morgen zur Weihnachtsfeier?" Er hat so viel auf dem Schreibtisch. Er weiß es noch nicht. „Wir haben ein Stück geschrieben über ein Bild von Max Ernst: Maria züchtigt das Jesuskind. Da sitzt die Mutter, hat den nackten Jungen übers Knie gelegt und versohlt ihm den Hintern. Ich spiele Maria. Das Kind ist natürlich nur eine Puppe. Meinst du, sie hat ihn tatsächlich verprügelt?"

Als er ins Bett steigt, fragt ihn Beate verschlafen: „Weißt du eigentlich, wie spät es ist?" Jaaa, er weiß es. Und: „Was um Gottes willen habt ihr noch palavert, was nicht bis morgen Zeit gehabt hätte? Wo war sie denn so lange? Das Kind hat doch morgen Weihnachtsfeier!"

Das Kind – die junge Frau, die nebenan einschläft.

Am nächsten Nachmittag hetzt er aus dem Büro. Er parkt im Halteverbot. Als er in die Aula kommt, hat das Stück bereits begonnen. Miriam als Maria. Große Klasse. Am Ende Riesen-Beifall. „Meine Tochter", sagt er zu den Frauen, die mit ihm ganz hinten sitzen. „Toll", meint eine von ihnen, „echt toll, das Mädel. Da können Sie stolz sein." Ist er ja auch.

8

EIN BARITON UND GENTLEMAN

„Und nach den Nachrichten hören sie wieder ‚Musik zum Träumen' mit Fred Dorfner." Die Ampel stand nun schon lange genug auf Rot. Astrid Köper sah auf die Uhr im Armaturenbrett ihres Kleinwagens: zwei Minuten vor elf. Wenn es endlich weiterging, würde sie in fünf Minuten zu Hause sein, das Radio im Bad einschalten, Wasser in die Wanne lassen, einen Piccolo öffnen, in den Schaum steigen, baden. Wenn ein Tag so endete, war wieder alles in Ordnung.

Die langen Einkaufsabende im Advent waren gerade in ihrer Abteilung „Haushaltswaren" absolut nervig. Entweder ging gar nichts, und nur ein paar unentschlossene Ömchen, die gut auch nachmittags Zeit gehabt hätten, schlichen zwischen Besteck und Porzellan herum. Oder der Rummel im Warenhaus, der gewöhnlich mit dem Arbeitsschluss in den angrenzenden Bürogebäuden begann, zog sich weit in den Abend hin. Dann machte man Umsatz, gut für die Provision. Doch zumindest Astrid war dann so überdreht, dass anstelle des kleinen Sekts in der Badewanne ein kräftiger Rotwein und eine Schlaftablette den Pegel runterfahren mussten. Ein mittlerer Geschäftsgang schien jedenfalls vom Himmel oder wem auch sonst nicht vorgesehen zu sein.

Astrid Köper lebte allein – und das war auch gut so. Jetzt noch mit einem Partner quatschen zu müssen oder Haushalt machen oder für die Kinder vorkochen, wie das ihrer Kollegin Ingrid nach der Spätschicht bevorstand, „das würde mich umbringen". Und wenn Ingrid sie bedauernd ansah, „jetzt ist ja bald Weihnachten, das ist mit Kindern einfach etwas anderes", dann musste sie nur an das

Programm denken, das die Frau bis dahin noch vor sich hatte. „Nee, bedaure, nichts für mich".

Astrid stellte ihr Auto in der Tiefgarage ab, fuhr mit dem Fahrstuhl hoch in den 6. Stock, öffnete die Tür zu ihrem Apartment, sah die Post durch. Als sie das Radio einschaltete, war er schon auf Sendung, der Mann mit der warmen, weichen Baritonstimme: „Heute habe ich Ihnen ein paar Sachen mitgebracht, die mit der stillen Zeit ganz gut zusammenpassen. Ich will noch nicht zu viel verraten, aber Bing Crosby wird natürlich zu hören sein, Peter Alexander und für die Jüngeren unter uns Pur und Wolfgang Petry."

Diese Stimme! Wenn Astrid ehrlich nachdachte, dann gehörte Fred Dorfners tägliche Sendung zum Feelgood- und Wellness-Programm neben Schaumbad und Piccolöchen. Noch ein wenig ehrlicher: Sie hatte sich in diese Stimme – ja, gut – verknallt. Ganz ehrlich: Wenn sie in der Wanne lag und Dorfner hörte, dann schloss sie die Augen und stellte sich vor, er wäre hier in ihrem kleinen Badezimmer, würde ihr unterm Plaudern erst die Schläfen massieren, dann die Schultern und dann und dann und dann …

Was Fred Dorfner im Radio erzählte, war für Astrid völlig nebensächlich. Er hätte die Betriebsanleitung für eine Espressomaschine, die Putzratschläge für Silberbesteck oder das Telefonbuch vorlesen können, Hauptsache, er tat es und kein anderer. Wie er wohl aussah, überlegte Astrid, während sie die Jeans abstreifte. Wie George Clooney? So stellte sie ihn sich vor, seitdem sie ihn zum ersten Mal gehört hatte. Das war ziemlich genau vor einem Jahr gewesen, nach dem zweiten oder dritten langen Adventsabend im Kaufhaus. Astrid war völlig verspannt nach Hause gekommen und ohne jede Lust, die Glotze anzuschalten. Sie hatte ein Bad genommen und spontan das Radio eingeschaltet, das auf der Ablage am Waschbecken postiert war – eigentlich für das Morgenmagazin von City One. Und daraus hatte sich ihr persönliches, kleines Ritual für Spätschicht-Tage entwickelt.

Ob sie ihm gefallen würde? Sie betrachtete ihre nackten Brüste im Spiegel, schön fest für eine Frau Ende dreißig. Und ihre Figur? Höchstens ein Kilo zu viel, bei einer Größe von einsfünfundsiebzig kaum zu sehen. Das Work-out im Ladys Club lohnte sich. Ihre Beine – lang, muskulöse Waden. Sie konnte kurze Röcke tragen oder Jeans – im Gegensatz zu Ingrid, der hatten die Schwangerschaften im wahrsten Sinne des Wortes zugesetzt. Nur an ihrem Gesicht hatte sie etwas auszusetzen. Irgendwann hatte ihr ein One-Night-Stand mal gesagt, sie erinnere ihn an Meryl Streep. Seitdem konnte sie mit den Sommersprossen und der rotblonden Mähne ganz gut leben. Ob die Streep auch einen kleinen Silberblick hatte wie sie? Im Fernsehen konnte sie es neulich nicht exakt erkennen.

„Und jetzt speziell für die feinen, reifen Ladys – ich verrate Ihnen ein Geheimnis: Ich liebe reife Frauen. Also jetzt für die MILF: Tom Jones, ‚Daughter of Darkness'. 1970 – vor 37 Jahren – hatte der Tiger damit einen Nummer-eins-Hit. Da waren die meisten meiner verehrten Hörerinnen vielleicht gerade geboren." Wie er das wieder geraunt hatte, samtweich, einfach genial! Und der Song von Tom Jones, von dem sie nur die neuen Sachen kannte, der ging ihr durch und durch. Gut, dass es City One gab. Genau ihr Radio. Diese Rapper und Hopper, Racker und Rocker – da bekam sie schon nach ein paar Minuten Kopfschmerzen.

Mit Fred Dorfners Absage verließ sie die Wanne, trocknete sich ab und ging schlafen. Was hatte er gesagt? MILF? Sie musste Ingrid fragen, was das hieß.

Als sie um die Mittagszeit in den Laden fuhr – „in den Laden", das sagten sie alle, ganz schön verniedlichend für ein sechsstöckiges Kaufhaus – nahm sie sich vor, in der Pause noch einmal hochzugehen zu den Kollegen von der Unterhaltungselektronik. Sie wollte mal auf die Homepage von City One gucken. Vielleicht hatten die ja Porträts von ihren Star-Moderatoren.

Ingrid stand schon an Kasse 1, die Starcevic an der 2, und die kleine Praktikantin Merthe packte ein. Ganz schön was los. Astrid steckte ihre Karte. Ingrid sah wieder ganz schön fertig aus. „Doppelschicht" – Familie und hier. Während Astrid im Ladys Club auf dem Stepper trainiert und sich bei der Jazzgymnastik ordentlich entmüdet hatte, war Ingrid am Vormittag sicher schon als Büglerin, Sockenzusammensteckerin und Köchin tätig gewesen.

Ja, Astrid hatte auch mal Kinder gewollt. Aber nachdem sie Harry nach fünf und Walter nach weiteren drei Jahren losgeworden war, hatte sie erkannt, wie recht die Frau neulich in der Talkshow hatte: „Fünf Dinge sind wichtig für eine Frau. 1. Ein Mann, der sie versteht. 2. Ein Mann, der etwas mit ihr unternimmt. 3. Ein Mann, der gut im Bett ist. 4. Ein Mann, der sie notfalls ernähren könnte. 5. Die vier Männer sollten nichts voneinander wissen." Den Traummann gab es eben nur im Traum – oder im Radio.

Astrid bot Ingrid an, sie abzulösen. „Nein, lass mal, ich bin froh, wenn ich hier stehen und tippen kann. Mach' du lieber Kundenberatung." Es passte zwischen Ingrid und ihr. Sie wollte sowieso lieber beraten und sie konnte das auch besser. Drüben bei den Espressomaschinen stand ein grauhaariger Zwuckel im dunklen Mantel und brauchte offensichtlich Hilfe. „Zwuckel" nannte Astrid alle Männer unter einssiebzig. Dieser hier verfügte auch noch über eine lustige Knollennase. „Kann ich helfen?" Der Mann sah sie an. Der schielt ja noch extremer als ich, registrierte sie. „Ja, können Sie", sagte eine tiefe, weiche Baritonstimme, was ihr fast die Beine weghaute. „Ich arbeite oft noch spät und trinke dann gerne einen Espresso. Die Maschine hier, die schwarze, könnte die ein Techniktrottel wie ich bedienen?" Wie er „Techniktrottel" sagte! Das musste er sein. Astrid stotterte und erzählte weitgehend abwesend von Mahlwerken und Entkalkung, erläuterte den Bohnenbehälter und die abnehmbare Dampfdüse.

„Also", versuchte sie ins Hier und Jetzt zurückzufinden, „die ist zurzeit im Sonderangebot, 349 Euro." – „Fein, ich nehm' sie." Auf dem Weg zur Kasse nahm er ihr den Karton ab. „Schöne Frauen sollen nicht so schwer tragen." Und als er seine Kreditkarte zückte, sie ihr gab, zitterten ihr die Hände. Sie las den Namen des Kunden: Gerd Knopfloch. Das konnte nicht sein. „Knopf... loch... das ist Ihre Karte?" – „Wenn Sie nichts dagegenhaben." Wie er lächelte! „Man kann als Knopfloch ganz gut leben. Und die Leute merken sich, wer man ist." Und dann: „Darf ich Sie auf einen Kaffee oder ein Glas Wein einladen, nach Ladenschluss?" Astrid hatte zugesagt, bevor ihr das so richtig bewusst wurde. „Ich hole Sie ab. Am Personaleingang? Okay."

Als sie Ingrid in der Pause alles haarklein erzählt hatte, sagte die nur: „Das ist er. Ich habe neulich irgendwo gelesen, dass die Radio- und Fernsehtypen fast alle Pseudonyme haben, Künstlernamen wie früher nur die Sänger und Schauspieler. Und bei ihm liegt das ja nahe: Knopfloch!", prustete Ingrid, „mit dem Namen kannst du höchstens im Kinderkanal punkten! Du musst ihn unbedingt treffen! Dass er so ein Zwerg ist, spielt heutzutage doch gar keine Rolle mehr. Der Mann von der Dings, na der Dings – diese blonde Schauspielerin aus dem ‚Tatort' – du, der ist mindestens fünfzehn Zentimeter kleiner als sie. Wenn er ein toller Lover ist, Kohle hat, berühmt ist – irgendwo muss man Abstriche machen." Sie fand das blöd, wie Ingrid über den Mann redete – auch wenn sie recht hatte.

Knopfloch küsste ihr die Hand. Das war ihr peinlich, weil gerade Altmann aus der Tür kam, der stellvertretende Direktor. Ingrid hatte ihr zugetragen, „dass sie in der Verwaltung erzählen, Altmann habe bei der Weihnachtsfeier letzte Woche spät nachts herumposaunt, dass er die Köper geil finde und demnächst umlegen werde. Sehr betrunken war er." Sie hatte das durchaus als Kompliment empfunden und begonnen, sich mit der Idee anzufreunden. Altmann war sicher jünger als sie und ein stattliches Kerlchen.

Sie gingen über den spärlich beleuchteten Schillerplatz ins Rialto. Astrid fand's gut. Das Rialto war ihr und den Kolleginnen zu teuer. Da würde jetzt niemand aus dem Kaufhaus reinschneien. Knopfloch fragte sie nach ihrem Job. Er fragte sie nach ihren Vorlieben bei Büchern, nach ihren liebsten Urlaubszielen. Und bei jedem Wort, das von seinen durchaus schönen, vollen Lippen kam, war sie noch ein Quäntchen mehr davon überzeugt, ihr sitze Fred Dorfner gegenüber. Ihrem Blutdruck zuliebe lehnte sie einen zweiten Macchiato ab und bestellte ein Glas Valpolicella.

Der Rotwein wirkte rasch. Er vertrieb die merkwürdige Schüchternheit, die Astrid wesensfremd seit dem Nachmittag auf dem Gemüt lag. Und so fragte sie: „Mal ehrlich: Sie klingen wie Fred Dorfner von City One. Sie sind Fred Dorfner. Fred Dorfner ist ihr Künstlername." Knopfloch antwortete sofort: „Schon wieder, okay. Leider nein. Ich bin nur Gerd Knopfloch. Und ich werde mindestens zehnmal im Monat mit diesem Fred Dorfner verwechselt. In gewisser Weise scheine ich davon zu profitieren, zum Beispiel heute Abend, da Sie hier sitzen, weil Sie mich vielleicht für ihn gehalten haben. Aber in anderer Weise ist dieser Mann auch mein Problem, weil ihn offenbar alle Frauen eines gewissen Alters kennen und lieben. Genau die Frauen, die ich auch mag."

Das wirkte glaubhaft. Auch wenn Astrid noch einen Rest Hoffnung hegte, dass dies alles nur ein kleines Spielchen sei. Knopfloch erzählte, er sei Steuerberater, geschieden und inzwischen so ans Alleineleben gewöhnt, dass er eigentlich nur noch arbeite, schlafe, arbeite, schlafe. „Alle zwei Wochen mal ein Ründchen Golf." Astrid sei die erste Frau seit mindestens zwei Jahren, die er angesprochen habe. „Ich finde Sie einfach, gestatten Sie, dass ich das schon nach so kurzer Zeit sage, ich finde Sie bezaubernd." Bezaubernd war diese Stimme.

Als sie um drei Astrids Nachttischlampe löschten, fragte Astrid Gerd, ob er diesen Dorfner schon mal getroffen habe. „Ja, bei irgendeinem Empfang der Handelskammer, da moderierte er. Jemand stellte uns einander vor. Und dieser Jemand mochte sich auch nicht verkneifen, dass meine Stimme seiner ähnele." – „Und wie hat er reagiert?" – „Nicht besonders originell. So, so, hat er gesagt, dann hat er doch noch ein Lächeln angeknipst: Ich rufe Sie an, wenn ich mal eine Pause brauche oder krank werde, Sie könnten mich ja vertreten. Ein gut aussehender Bursche übrigens, groß, breitschultrig. Nur mit Frauen hat er weniger im Sinn als die mit ihm, weiß ich von einem Mandanten. Dessen Bruder ist nämlich der Mann von Dorfner." – „Warum sagst du mir das erst jetzt?" – „Hättest du mir denn geglaubt? Außerdem wäre es mir unlauter vorgekommen." – „Aha, ein Gentleman. Weißt du übrigens, was MILF bedeutet? Das hat Dorfner gestern in seiner Moderation gesagt?" Gerd gluckste fröhlich: „Ein unschuldiges Mädel bist du. ‚Moms I'd like to fuck!' Muss ich's übersetzen?" – „Du Weihnachtsmann!", sagte Astrid nur noch.

9

EIN STREICHER UND SEINE AUFTRITTE

Ich bin Backpinsel. Mit Leib und Seele. Seit drei Jahren liege ich bei Grützkes in der Küchenschublade. Mit dem ganzen anderen Gesocks. Stellen Sie sich bitte unter Grützkes Küchenschublade nichts Geordnetes vor. In diesem dunklen, engen Gelass sind wir ein wilder Haufen von sechzig, siebzig Gerätschaften, nicht durch Stege getrennt, sondern einfach hineingeworfen. Manche von uns kommen fast täglich zum Einsatz, der Büchsenöffner zum Beispiel, der Flaschenöffner oder die kleinen Messer. Andere sind im Schnitt einmal die Woche dran wie die Vorlegegabel, der Pfannenwender, die Spaghettizange oder das Filiermesser.

Wir von der Backtruppe haben nur wenige Auftritte. Aber so richtig Ruhe ist uns auch außerhalb der Hauptsaison nicht vergönnt. Wenn die gute Barbara – Frau Grützke – die Lade schwungvoll zieht und wieder reinknallen lässt, werden wir mit durcheinandergeschüttelt. Man prallt gegen das Teesieb und den Kartoffelschäler. Dann wird man von einer suchenden Hand beiseitegeschoben oder kurz rausgeholt und mit den anderen Exoten auf die Arbeitsplatte geworfen. „Wo ist bloß das verdammte Bratenthermometer?“ Und dann wirft man uns wieder zurück.

Früher, als Barbara noch nicht so auf ihre Linie achten musste, waren die Einsätze für mich häufiger. Da gab es zur Rhabarberzeit mal ein Kuchenblech zu bestreichen. Oder man tauchte in verquirltes Eiweiß für einen Strudel. Aber das ist Vergangenheit. Grützkes verwenden jetzt Backpapier, weil man da das Fett spart. Und statt eine Glasur aufzupinseln, bevorzugen Barbara und ihre Familie heute trockene Naturkruste. Barbarisch.

Die Zwillinge, so nennen wir die Quirlstangen, haben diese Veränderungen nicht mit einem Verlust an Einsatzzeiten zu bezahlen. Zwar dürfen sie nur noch selten Sahne schlagen. Dafür rühren sie Pesto oder verquirlen pürierte Tomaten mit anderen Zutaten für Nudelsaucen.

Ich bedaure diese Entwicklung sehr, weil ich kaum noch ans Tageslicht komme und auch das warme Bad in der Spüle ein ziemlich seltener Genuss geworden ist. Stattdessen steckt man mich, wenn ich mal arbeiten durfte, anschließend in diesen finsteren Whirlpool, die Spülmaschine. Da stecke ich dann zwischen zackigen Gabeln, scharfen Messern und rundlichen Löffeln im Besteckfach und ruiniere Mal für Mal unwiederbringlich meine Frisur. Allein der Haarausfall, den diese Folter produziert, ist gewaltig. Und ein Pinsel ohne Haare ist so gut wie tot. Wenn ich also antreten muss, sorgt das bei mir für echt gemischte Gefühle. Einerseits freue ich mich darauf, meine unvergleichliche Kunst mal wieder demonstrieren zu können. Andererseits kann jede Vorstellung die letzte sein. Ich merke das, wenn ich nach dem Waschen aus der Maschine gezogen, kritisch beäugt und zur Probe über die Handfläche gestrichen werde. Bisher immerhin ist es noch jedes Mal gutgegangen.

Ich bin ja auch immer noch ein fescher Kerl, die Lücken in meiner Behaarung fallen noch nicht auf. Das haben mir erst kürzlich mein alter Freund Spritzbeutel und seine Partnerin, die Spritzdüse bestätigt. Es liegt an meiner Herkunft. Ich bin ein Schweizer Qualitätspinsel. Ich hing nicht eingeschweißt ein Vierteljahr in einem Supermarktregal. Aristokratische Pinsel wie mich holt man sich aus noblen Haushaltswarengeschäften. Dort lag ich vor meiner Übernahme durch die Grützkes ausgestellt im Schaufenster. Ich spiegelte meine blonde Haarpracht im Chrom einer original italienischen Käsereibe. Neben mir lag ein englisches Teesieb aus hochwertiger Baumwolle, ein japanischer Teelöffel, eine österreichische Strudelform und ein französisches Obstmesser. Wir waren eine internationale Topcrew auf höchstem Niveau, begnadete Solisten. Ein Ensemble besonderer

Klasse, vergleichbar mit den Berliner Philharmonikern oder der Elf von Real Madrid. Wir wurden gehegt, gehätschelt und von erfahrenen Fachverkäufern ebenso stolz wie kenntnisreich präsentiert.

Als ich zu den Grützkes wechselte, hielt ich das nicht für einen Abstieg. Wir Streicher kennen unseren Wert. Ich ging fest davon aus, dass man einen wie mich nicht verpflichtet, um in einer Schublade zu vergammeln. Ich habe mich schrecklich getäuscht. Die Küchenmoden, der Diätwahn und nicht zuletzt der um sich greifende Gebrauch vorgefertigter Nahrungsmittel aus Tiefkühltruhe und Mikrowelle sind dabei, jene Kultur zu vernichten, in der ich mein Zuhause habe: die Haute Cuisine.

Nur wenigen von uns ist es beschieden, wirklich Karriere zu machen, ein vielleicht kurzes, aber leidenschaftliches Dasein in der Küche eines Gourmettempels zu genießen. Wie wäre mein Leben verlaufen, wenn mich dieser Koch aus Burgund erworben hätte, der mich als letzter Interessent vor den Grützkes in der Hand hatte? Er wollte damals ein Restaurant in der Stadt eröffnen und machte einen Großeinkauf in unserem Laden. Als er mich schon in seinen Korb packen wollte, meinte seine blöde Begleiterin: „Du hast doch schon sechs solcher Pinsel, Chéri!“ Er legte mich zurück auf den Verkaufstresen. Solche Schicksalsschläge entscheiden über einen Lebensweg.

Doch ich will mich nicht undankbar zeigen. Gerade jetzt, im Spätherbst, besteht kein Grund zur Weinerlichkeit. Weihnachten naht – Hochsaison für unsere Truppe. Die Ausstecher klirren schon seit Martini ungeduldig in ihrem Plastikbeutel. Der Spritzbeutel und seine Düse fiebern von Tag zu Tag mehr. Und ich weiß: Jetzt kommt sie, die schöne Zeit.

Ich höre die Grützkes schon über die Rezepte reden. Buttergebäck? Jaaa, sehr gut. Linzer Torte – great! Husarenkrapfen, auch nicht schlecht. Vanillekipferln – okay. Da kommt Neid auf. Selbst bei der Schöpfkelle, die sich wahrlich nicht beschweren muss: Beim Gänseessen durfte sie zunächst im Halbstundenrhythmus den Bratensaft über den Rücken gießen und dann kam sie zur Suppe sogar auf den Esstisch – das Höchste für eine Kelle.

In der Weihnachtsbäckerei sehe ich oft tagelang mein Bett in der Schublade nicht. Da werde ich zwischen den Auftritten von Hand ausgespült. Wie früher. Erst nach Mitternacht muss ich, wenn überhaupt, wieder zurück in mein muffiges Lager. Oft bleibe ich auch auf dem Abtropfblech neben der Spüle liegen und trockne langsam bis zum nächsten Morgen. Ich liebe diese Campingnächte im Freien. Manchmal sieht man sogar, wenn man gut liegt, die Sterne oder den Mond durchs Küchenfenster blitzen. Und man ist in guter Gesellschaft. Nicht Krethi und Plethi – nur wir, das Weihnachtsteam.

Von diesen Erlebnissen zehre ich Monate. Und ich kann – ich weiß, das ist nicht sehr nett – leider nicht davon lassen, nach Rückkehr in die Lade zum Beispiel dem Spargelschäler stundenlang davon zu erzählen. Ja, ich weide mich an seiner Eifersucht. Asche auf mein Haupt! Der arme Kerl muss noch bis Ende April, Anfang Mai warten, bis er wieder schälen darf. So richtig Weihnachten wird es, wenn an den Feiertagen zu später Stunde der Korkenzieher zurückkommt. Er riecht dann nicht wie sonst nach billigem Landwein, sondern nach einem guten Riesling. Oder es umweht ihn gar ein Hauch von Bordeaux. Oh du fröhliche, oh du selige, arbeitsreiche Weihnachtszeit!

10

SIE IST WIE DU

Warum hast du mich mit all dem allein gelassen? Birthe rückte den Teller mit Spekulatius genau in die Mitte des Tisches. Sie entzündete die zweite Kerze auf dem Adventskranz. Sie goss Tee ein, Roibusch, sieben Minuten gezogen – so, wie er ihn mochte, wie er ihn immer gemocht hatte. „Das war nicht fair." Birthe wusste, dass sie ihm eigentlich keinen Vorwurf machen konnte. Sie hätte einfach besser aufpassen müssen. Vor vier Jahren, in dem heißen Sommer, war er oft spät nach Hause gekommen. Ganz grau sah er dann aus. „Geh zum Arzt", hatte sie ihn mehr als einmal gebeten.

Joe hatte dann über sie weggeschaut. Irgendwohin, nur nicht in ihre Augen. „Ja, mach' ich" murmelte er. Oder: „Es ist alles in Ordnung." Da hätte sie aufmerksam werden müssen. Ach Joe! „Wenn ich in Ruhestand gehe, in fünf Jahren, reisen wir. Ägypten, die Pyramiden. Athen, Akropolis, Parthenon-Tempel. Lissabon." Jetzt saß sie hier, „in unserer Kuschelecke", allein. Und wie allein! Joe, weißt du, wie ich mich fühle? Joe?

Als das Marien-Krankenhaus anrief, hatte sie sofort eine blöde Ahnung. Die weibliche Stimme sagte: „Es ist etwas mit Ihrem Mann, Frau Senkenfeld. Kommen sie bitte schnell." Eine Viertelstunde später stand sie im Flur der Intensivstation. Da war Joe schon nicht mehr am Leben. Herzinfarkt. Nicht der erste, wie die Autopsie später ergab.

„Transeamus usque Bethlehem", sang der Bass, „et videamus hoc verbum quod factum est." Seit der Trauerfeier im April hatte Birthe die CD nicht mehr angerührt. „Transeamus", Joes Lieblingslied. Er sang es jedes Mal mit. Immer laut, immer falsch. Es war einfach nicht fair von dir, so zu gehen, Joe! Hörst du!

Der Arzt hatte sie ans Bett begleitet. Sie sah in Joes Gesicht, sah, dass er nicht gekämpft hatte. Eine Stunde hatte man sie mit ihm alleine gelassen. Sie legte ihren Kopf auf seine Brust, in der sich nichts mehr rührte. Sie streichelte seine Hände, seine Stirn, küsste ihn. Als Oliver ins Zimmer trat, umarmten sie einander. Oliver sagte: „Mama, du musst jetzt stark sein." Als hätte er damals schon gewusst, was Joe ihr noch zumuten würde.

Hätte sie doch Olivers Angebot angenommen, Joes Schreibtisch in der Firma auszuräumen. Zwei Wochen hatte sie nach der Beerdigung verstreichen lassen, ehe sie sich aufraffte, in sein Büro zu fahren. Die Mai saß nicht im Vorzimmer wie sonst. Urlaub. Verständlich, hatte sie gedacht, wenn man so lange so eng zusammengearbeitet hat. Die Mai hatte ihnen bei der Vorbereitung der Feier sehr geholfen, hatte Trauerpost versandt, war sehr hilfsbereit gewesen. Ach Joe!

Als sie die Briefe und die Fotos in der Schublade fand – ein Gefühl, das sie bis heute nicht beschreiben konnte. Zorn, Überraschung – ja, auch. Gleichzeitig: Ich hatte es geahnt, wie blöd war ich. Dass „die liebe Mai", wie du immer sagtest, auch deine „liebe Mai" war, das wird mich schmerzen bis ans Ende meiner Tage. Warum lässt du mich mit all dem alleine? Warum stirbst du einfach? Warum? Du verweigerst mir die Antwort.

Oliver hatte sie zu trösten versucht: „Papa hat nur dich geliebt. Das weiß ich. Das mit der Mai, hässlich. Aber die hat es seit Jahren darauf angelegt." Zu einfach, lieber Sohn. Es gehören immer zwei dazu, wenn so etwas läuft. „In einer schwachen Stunde", versuchte Oliver seinen Vater zu entschuldigen, „hat er sich rumkriegen lassen. Mehr war da nicht. Die Frau kann dir doch das Wasser nicht reichen. Das sah Papa doch!"

Antworte, Joe! Hat Oliver recht? Hat sie dich verführt? Ihre Briefe lasen sich anders. Birthe hatte sie aufheben wollen. Ihre Tochter Helen hat sie verbrannt. Helen war genau an jenem Tag aus Afghanistan zurückgekommen, als sie das Büro geräumt hatte. Deine blöde Affäre hat deiner Tochter nicht mal die Möglichkeit gelassen, sich mit guten Gefühlen an dein Grab zu stellen. Ich hoffe, sie kann dir verzeihen, Joe. Helen ist dir so ähnlich. Als sie mich tränenüberströmt vorfand, tat sie gar nichts. Sie setzte sich auf deinen Platz und wartete. Sie forderte mich nicht auf zu reden. Sie unterbrach nicht, als ich es tat. Wie du, Joe. Deshalb habe ich mich in dich verliebt. Du konntest genial zuhören – „wie nur einer von 100 000 Männern", hat meine Schwester immer gesagt – und du warst der am wenigsten zudringliche Mann, der mir je begegnet ist. Er lässt mir meine Freiheit – wie oft habe ich das meinen Freundinnen gesagt? Freiheit! Wahrscheinlich war ich dir einfach nie so wichtig, als dass du versucht hättest, mich in deine Welt zu integrieren, mich deinem Besitz hinzuzufügen. Du hast mich hängen lassen, Joe – so sieht's aus! Aber ich fühlte mich wohl, fühlte mich nie bedrängt.

Helen ist wie du. Als ihr „Ärzte für den Frieden" die Todesnachricht übermittelt hatte, kam eine kurze Mail: „Geschockt. Papa. Ich fass' es nicht. Bin mit meinen Gedanken bei dir. Glaube nicht, dass ich es zum Begräbnis schaffe. Habe sechs sterbenskranke Kinder auf Station." Als sie ankam, hat Oliver sie vom Flughafen abgeholt und ihr die „Nachricht des Tages", wie sie es nachher bezeichnete, mitgeteilt. Eigentlich hatte sie direkt vom Flughafen aus zum Friedhof fahren wollen, nun sagte sie: „Erst zu Mama." Und da saß sie nun, auf deinem Platz, mit deinem Gesicht, und schwieg.

Als ich keine Tränen mehr und Helen alles erzählt hatte, dachte sie nur kurz nach. Dann bat sie – nein, sie bat nicht –, dann befahl sie: „Zeig' mir die Briefe und die Fotos, Mama." Sie sah sich die Sachen an. Eine halbe Stunde, eine Stunde? Ich weiß es nicht mehr. Ich habe kein Zeitgefühl für diese Wochen. Wie du, Joe, betrachtete sie alles genau. Ohne ein Wort, die Nase auf den Fotos, weil sie auch deine Kurzsichtigkeit geerbt hat. Nach einer kleinen Weile schaute sie auf und betrachtete mich, wie man ein fremdes Tier betrachtet, dass man zum ersten Mal sieht. Ja, Joe, so hat sie mich angesehen, deine Tochter – wie eine unbekannte Käferart.

Und plötzlich rann ihr eine Träne über die Wange. „Arme Schweine. Alle drei. Vielleicht alle vier. Arme Schweine." Ich verstand sie nicht. Sie erhob sich. „Ich geh jetzt auspacken, Mama." Verschwand in ihrem alten Zimmer. Erst zum Abendessen kam sie wieder raus. Wir waren allein. Oliver hatte seiner Frau versprochen, die beiden Süßen ins Bett zu bringen.

„Ich liebe einen verheirateten Mann", erzählte Helen und löffelte Vanillepudding. „Ich liebe einen verheirateten Mann." Sie berichtete das in einem Ton, als teile sie mir mit: „In Kabul war das Wetter schön, als ich abflog." Sie schenkte uns Wein nach. „Er ist fast so alt wie Papa. Ferdinand von Tarnberg. Du hast den Namen sicher schon gehört. Von mir und in den Nachrichten. Ferdinand leitet unseren Einsatz. Wenn ihm etwas zustoßen sollte, könnte es sein, dass seine Frau einen ähnlichen Fund macht wie du. Sie wird Fotos finden von Ferdinand und mir und meine Briefe an ihn."

Hast du das gewusst von unserer Tochter, Joe? Wir haben uns doch häufig gefragt, wann sie uns mal einen Kerl vorstellt: „Das ist mein Freund." Ich hatte schon vermutet, sie liebe Frauen. Helen hat Ferdinand schon in Tübingen kennengelernt. „Wir haben zusammen gearbeitet." Als sie nach Leipzig ging, trafen sie sich weiter regelmäßig. Und dann beschlossen sie, sich bei „Ärzte für den Frieden" zu melden. Und jetzt sitzen sie zusammen in Kabul. Wolltest du nicht auch für die Firma „noch mal ins Ausland"? Warum hat „sich das zerschlagen", kurz bevor du starbst? Bist du deshalb gestorben?

Helen will nicht, dass ihr Ferdinand seine Frau verlässt. Sie kennen einander. „Suse ist Pastorin auf der Schwäbischen Alb. Das wäre ihr Ende. Dass Ferdinand in Afghanistan ist, lässt sich hingegen gut erzählen. Das sorgt für Anerkennung und Mitgefühl." – „Du bist eiskalt", habe ich zu Helen gesagt. „Bin ich nicht, Mutter. Wäre ich es, hätte ich nie angefangen mit Ferdinand oder längst Schluss gemacht. Ich bin es leider nicht. Bin leider nicht eiskalt." Und dann hat sie wieder geredet wie du. Sie hat deine Lieblingsstrophe aus dem Abendlied von

Claudius zitiert, hast sie den Kindern ja auch ausgiebig vorgesungen. Muss sie beeindruckt haben. Wir stolzen Menschenkinder / Sind eitel arme Sünder / und wissen gar nicht viel… „Und jetzt verbrenne ich das Zeug“, meinte sie. „Ihr müsst Frieden finden.“ Ich habe sie nicht daran hindern können. Ach Joe.

Du hast deiner Tochter zu verdanken, dass ich dich wieder in meiner Nähe ertrage, Joe. Fast ein halbes Jahr habe ich dazu gebraucht. Ich wünsche dir Frieden und ich wünsche ihn mir. Du fehlst mir, Joe. Wer singt für mich so schön falsch „Transeamus“? Ich brauch' dich! Den Spekulatius esse ich für dich mit und pfeife auf die Kalorien. Hast du eigentlich mit der „lieben Mai“ auch Advent gefeiert? Joe? Ich lass dich jetzt in Ruhe. Morgen kommt Helen aus Kabul zurück. Wir werden Weihnachten bei Oliver sein.

11

NACHT DER NEUGEBURT

Ist es vermessen, wenn man das Leben nicht in Tagen, sondern in Nächten misst? In lauen und bitterkalten, in sternklaren, mondhellen, stockfinsteren, zappendusteren Nächten? Der Tag hat 24 Stunden. Und in ihm liegt immer ein Stück Nacht. Eine Nacht aber gehört nie nur zu einem Tag. Und ihre Grenzen sind offen wie die Steppe.

Wann beginnt die Nacht? Wann endet sie? Wenn die rosenfingrige Eos aus Poseidons Reich aufsteigt und alles in mildes Morgenlicht taucht? Wenn bei Capri die rote Sonne im Meer versinkt? Warum sind Kreuzberger Nächte so lang, derweil Julia weiß, dass den Verliebten jede Nacht zu kurz gerät? Ist's das Licht also, das Tag und Nacht unterscheidet?

Nacht. Eine gute Nacht! Sollten wir nicht lieber von Schlaf- und Wachzeit reden? Als der frühere baden-württembergische Landtagsvizepräsident Hermann Müller einmal eine Nachtsitzung kurz nach Mitternacht unterbrach und für „morgen früh, neun Uhr", wieder einlud, riefen ihm die Abgeordneten entgegen: „Heute, Herr Präsident, heute früh!" Dem aber war des Müllers Ruh das Maß aller Zeit. Er wies die Zwischenrufer zurecht: „Solange ich nicht im Bett gewesen bin, ist heute für mich morgen!"

Wo verläuft die Grenze zwischen heute und morgen? Statistisch objektiv um Mitternacht. Die Erkenntnis ist nicht viel wert. Richten wir uns denn mit unserer Kleidung nach dem Kalender? Lange Unterhosen erst ab 21. Dezember? So wie die Jahreszeiten nicht zu objektivieren sind – es sei denn für Armeen, Züge und statistische Ämter –, so sind auch Tag und Nacht nicht voneinander abzugrenzen. Licht und Dunkel, Schlafen und Wachen sind von Menschen gemachte Kategorien. Auch Statistik und naturwissenschaftliche Messung sind nicht gottgegeben, sind Menschenwerk. Krücken, an denen wir durch den Schöpfungsplan humpeln.

Tag und Nacht sind eine Sache der Empfindung. Diese Erkenntnis ist höchst rational, weil vernünftig. Dabei stört weder Wissen noch hilft Macht. Noch nicht überzeugt? Probieren wir es mit einer anderen Kategorie: Arbeit, Aktivität. Fehlanzeige. Es gibt nachtaktive Menschen. Sie sind eine Minderheit gegenüber denen, die tagsüber werkeln. Eine Erfindung der modernen Welt? Ein Resultat des Industriekapitalismus? Erst möglich, seitdem künstliches Licht die Nacht zum Tage ausleuchten kann?

Falsch. Schon immer gab es nächtens tätige Leute. Und sie waren für den Erhalt der Menschheit zu allen Zeiten ebenso wichtig wie jene, die ihr Handwerk im Licht der Sonne verrichteten. Nachts schlägt die Stunde der Jäger, kommt die Zeit der Fleischbeschaffer.

Nachtjagd ist Katzenjagd. Sich anpirschen, lauern, zuschlagen. Lautlos, blitzschnell, aus dem Dunkeln. Eine höchst ökonomische Art, sich Eiweiß zu beschaffen. Die Menschen haben es von den Tieren gelernt. Es bedurfte der Übung. Man muss hellwach sein, auf die Zehntelsekunde fit. Häufig lassen sich die Opfer auf diese Weise nicht überraschen. Und sind sie erst gewarnt, haben die Jäger ihren Vorteil verloren. Kraft und Ausdauer sind nur am Tage von Bedeutung – wenn Jäger ihre Beutetiere im Sinn des Wortes zur Strecke bringen, bis zur Erschöpfung über lange Wege hetzen. In der Katzenzeit zählen nur Schnelligkeit und Präzision.

Weil die Jäger auf der Pirsch sind, müssen sich nächtens auch die Hirten und Wächter tummeln. Müssen auf dem Felde bleiben, bei ihren Herden. Müssen auf Felsen sitzen und Horchposten sein. Hinauslauschen – das Rascheln der Blätter im Wind von den Geräuschen des vorsichtigen Jägers unterscheiden. Tagmenschen taugen dazu nur eingeschränkt. Die Katastrophen ereignen sich, wenn Müdigkeit die Wächter übermannt. Nachtmenschen passiert das kaum. Wächter arbeiten allein, zu zweit, höchstens zu dritt. Alles, was einen hohen Aufwand an Koordination braucht, kann sich nachts, ohne künstliches Licht, nicht bewähren. Aber zwei oder drei Menschen, die können sich auch im Dunkeln verständigen. Sie erkennen sich am Ruf des Käuzchens, am Bellen des Coyoten, am Heulen des Wolfes.

Nacht ist Ohrenzeit. In sich hineinhören oder leiseste Schritte vernehmen, den Wind in den Bäumen, das Plätschern der kleinen Wellen am Strand. Tags drängt sich das Auge in den Mittelpunkt. Tags heißt wahrnehmen sehen.

Viele Menschen, die intensiv und konzentriert zuhören, schließen dazu die Augen, erzeugen für vermiedene Augenblicke virtuelle Nacht. Die Augen kann man schließen. Die Ohren nicht. Oder nur mit Hilfsmitteln, Pfropfen aus Wachs oder getränkter Watte. Auch der Träumer hat offene Ohren. Mit Filmen und Bildern kann man niemanden wecken, aber mit Fanfarenstößen, Radioweckern und Kirchenglocken.

Nacht ist Musik und gebiert Musik. Nocturne und Blues. „Eine kleine Nachtmusik“ und „Saturday Night Fever“. Ist das Widersinn, wenn alles schläft? Das ist Spannung im dunklen Teil des Seins. Große Stille und ihre Aufhebung im Hörbaren. Leichter noch als tags ist Lärm von Klang zu unterscheiden, wie grelles Licht von angenehmer Beleuchtung. Was nächtens, was in den Ruhestunden zu hören ist, bezeugt Lebendigkeit.

Nachts muss man einander berühren. Einander ertasten mit den Fingerspitzen. Die nächste Nähe suchen, um jemanden zu erfahren.

Haut-zu-Haut-Kontakt. Nachts wird man intim. Ist man zu zweit auf einer Insel im Meer der Dunkelheit, dann rückt alles andere in weite Ferne. Einander nahe sein oder nicht existieren, das ist hier die Frage. Jemanden aus der Ferne beobachten, auf Distanz zusammenleben – bei Nacht gelingt es nicht. Wer mir fern ist, könnte auch tot sein. Rainer Maria Rilke: „Die Nächte sind nicht für die Menge gemacht. Von deinem Nachbar trennt dich die Nacht."

Wer mir nah ist, wird nachts lebendig. Ein Paradox: Auch die Toten kehren ins Reich der Lebenden zurück. Die Auferstehung fand nachts statt, die Frauen haben sie nur erst morgens entdeckt.

Dass die Engel nachts durch unsere Stuben wandeln, mag niemand beweisen können. Aber nachts lässt sich sowieso nur wenig beweisen. Und ist die Beweisbarkeit denn ein wichtiges Kriterium für die Glaubwürdigkeit? Wer kann schon wissenschaftlich beweisen, dass er jemanden liebt oder, noch schwieriger, von jemandem geliebt wird? Nachts tanzen selige Geister Reigen, und die unseligen vertreiben sich mit Klopfen, Knarren und Wiedergehen die Zeit. Wer Welten und Zwischenwelten leer stehen und entgeistern lässt, wird seelisch obdachlos.

Nacht kann auch jene beten lehren, die nicht Not leiden. Die Mystik braucht das Dunkel. Wenn das Wirkliche nicht sichtbar ist, kann das Unsichtbare Gestalt annehmen.

Nachts nimmt man wahr, dass diese Welt nur ein kleiner Teil der großen Schöpfung ist. Unter dem Sternenfirmament. Das ewige Schwarz des Alls. Eine Ahnung von Unendlichkeit. Nicht zu messen. Was sind Lichtjahre für den, der unter dem Großen Wagen den Kopf in den Nacken legt? Alpha Centauri, Sirius, Orion und Kassiopeia. Lichtsignale aus fernen Sonnensystemen. Was wir sehen, ist lediglich ein Gewimmel von hellen Punkten.

Zum Universum wird der Nachthimmel in unseren Köpfen, da wir rund um diese kleinen Lichter altes Erfahrungswissen mit neuer wissenschaftlicher Erkenntnis mühelos zu Mutmaßungen über Unendlichkeit verbinden können. Und dabei werden wir der eigenen kleinen Endlichkeit ebenso mühelos gewiss. Und gleichzeitig hält sich in unserem alten Gehirn beharrlich der Glaube, dies alles habe der liebe Gott sich für uns ausgedacht: Weißt du, wie viel Sternlein stehen an dem blauen Himmelszelt? Gott, der Herr, hat sie gezählet, dass ihm auch nicht eines fehlet, an der ganzen großen Zahl.

Und die bleiche Sichel des Mondes – nur polarisiertes Sonnenlicht. Geschenkt. Auf der Bank am See, wenn Lunas Schein das Wasser versilbert, lassen sich Liebende auch von Apollo 11 und all den anderen amerikanischen Mondfahrern nicht davon abbringen, dass diese Inszenierung nur ihnen gelte. Nachts vermehrt sich das Menschengeschlecht. Hört sich beim Atmen zu und fühlt die kalte Hand die warme Stirn. Miteinander verbrachte Nächte verbinden intensiver als gemeinsam verlebte Tage.

Auch das vereinte Durchleiden dunkler Stunden verändert Beziehungen. Blickt man einander nach kurzem, schwerem Schlaf am Morgen danach in die Augen, dann ist ein neues Stück Intimität gewachsen. Die Nacht miteinander teilen Liebende, teilen Kranke und ihre Nächsten am Bett. Jemandem schlafend Nähe erlauben bedeutet ganz archaisch: ihm vertrauen. Neben einem Menschen, dem man nicht traut, macht man höchstens dann ein Auge zu, wenn man vor Erschöpfung nicht mehr anders kann. Freiwillig tut man das nicht.

Erschließung der Nacht durch die Menschen, die Geschöpfe des Prometheus, ist die Wurzel aller Kultur. Die Bändigung des Feuers bedeutet zugleich die Zähmung der Dunkelheit. Macht euch die Erde untertan – das heißt Licht machen. Nicht auf die Sonne warten müssen, selbst die Nacht zum Tage machen – das ist eine der wenigen Möglichkeiten, die Grenzen der Schöpfung zu verschieben. Dafür zahlen wir einen Preis. Wir verlernen, tatsächlich bei Nacht zu leben.

Die Helligkeit der Straßenbeleuchtung killt den Sternenhimmel über den großen Städten. Wir deichen die Nacht ein und ringen ihr unser Abendland ab. Wir verlernen, nächtliche Jäger zu sein und Hirten auf dem Felde. Wir haben die Unsicherheit der Nacht durch die Angst vor dem Stromausfall ersetzt. Und doch treibt uns die Sehnsucht nach der Nacht. Da sitzen wir als Touristen auf Inseln im Atlantik, im Hochgebirge, in einer Wüste, wo uns kein menschengemachtes Licht ablenkt, und bestaunen die nächtliche Natur, die uns in der hektischen Elektrik Mitteleuropas verloren gegangen scheint. Wir zahlen dafür einen Preis, ein paar Stunden natürliche Nacht zu genießen.

Nicht falsch verstehen: In dieser Sehnsucht steckt nicht der Wunsch, Kultur und Zivilisation zu erlassen. Nur die ab und an erfahrene Natur der Nacht vermag es aber, uns verstehen zu lassen, welch große Menschheitsleistung es bedeutet, die Dunkelheit zu domestizieren, sie per Druck auf den Lichtschalter gefügig und verfügbar zu machen.

Die Grenze zwischen Tag und Nacht, zwischen Helligkeit und Dunkelheit, zwischen wachen und schlafen. Wir können und wollen sie nicht aufheben. Wir wollen sie hin und wieder ein Stück verschieben, sie bestimmen und mit ihr umgehen. Das ist nicht gut und ist nicht verwerflich. Es ist ein Teil unseres Lebensprinzips. Wie der Kampf gegen die eigene Sterblichkeit, den wir nie gewinnen werden, auch wenn uns mit allen Mitteln immer wieder kleine Siege gegen den Ablauf der Zeit gelingen.

Es tröstet, dass es außer dem Erdenleben noch ein anderes gibt, das wir nicht kennen. So, wie wir den nächsten Tag als neuen Tag erleben werden, mit einem neuen Abend und einer neuen Nacht.

Wir brauchen das Neue, das Andere und lernen, es nur vom Alten, vom Gewesenen im Wechsel abzuscheiden. Es ist gut, dass mancher Tag ein Ende hat und ein neuer kommt. Mit neuen Chancen. Und es ist schade, wenn ein Tag vergeht, so wunderschön wie heute, und diese eine wunderschöne Nacht mit dem Ruf der Lerche in neue Tagesmühsal mündet. Aufstehen, waschen, anziehen, arbeiten.

Die Nacht feiern heißt die Erneuerung feiern. An Ostern die Auferstehung und an Weihnachten die Geburt. Was eigentlich ein und dasselbe ist. Und beides ist in christlichem Verständnis keine Wieder-, sondern eine Neugeburt. Eine neue Einmaligkeit wie ein neuer Tag. Das Leben, das wir zu leben haben, bleibt das gleiche, nicht dasselbe. Wir erhalten uns und pflanzen uns fort. In Menschen und in Taten. Wir hinterlassen Spuren. Und treten mutig oder zaudernd in das unberührte Feld der Existenz, das vor uns liegt. Wir haben keine andere Wahl.

Dabei beobachten wir uns und unsere Mitmenschen, versuchen, uns was abzuschauen, voneinander oder von uns selbst zu lernen. Auf dass wir wissen, wer wir sind, und erreichen, was wir möchten. Das tat auch jener Michel Eyquem de Montaigne, der nachts in seinem Turm saß und sich schreibend selbst erkundete. Und jener Martin Luther, der in seinem Studierzimmer nach der Beziehung zwischen Schöpfer und Geschöpf suchte.

Die Nacht ist die Zeit des Selbststudiums, der Gewissenserforschung, der Bilanz. An den Grenzen hält man inne und schaut zurück. Und man nimmt Maß für die Wegstrecke, die vor einem liegt. Ein individueller Akt. Als Massenveranstaltung wirkt Gewissenserforschung peinlich, weil sie eigentlich unmöglich ist. Die Nacht als Zeit der Selbsterkenntnis ist somit die Phase der Individualität, des Ichseins. Damit wir morgen am helllichten Tage wieder gemeinsam agieren und zupacken können und uns selbst dabei nicht in der Menge verlieren.

Und wo bleibt der Rausch in der Hitze der Nacht? Wo bleibt das Außer-sich-Sein? Wo bleiben nächtliche Euphorie, durchtanzte Nächte? Die gibt es. Aber sie sind nicht Allnacht. Und wo sie Allnacht sind, muss der Tag als Nacht herhalten. Dann werden die Stunden der Ruhe weit in die lichte Zeit hinein verschoben, indem man Nacht macht, die Rollläden herunterlässt, die Vorhänge schließt, das Telefon abstellt und über den Mittag schläft. Der Rausch der Sinne nährt sich vom Aufbegehren gegen das Alltägliche. Eine Serie durchfeierter Nächte wird irgendwann fad. Nachtarbeitern ist die Nacht alltäglich. Wenn sie morgens um sechs nach Hause gehen, noch ein Bier trinken und sich zur Ruhe legen, erleben sie versetzt, verschoben und dennoch nicht minder individuell die Zäsur zwischen Tätigkeit und Ruhe.

Die Nacht feiern und sie dann wieder in Ruhe lassen. Das Dunkel erleben und im Lichterschein erträglich machen. Dieser Impuls erfährt durch Religion eine Ritualisierung, die unser Streben nach sinnlicher Wahrnehmung des Seins, nach Bewusstsein also, repräsentiert.

Menschwerdung vollzieht sich im Anerkennen unserer Möglichkeiten und Grenzen, im Umgang mit dem Unausweichlichen und dem Besonderen. Immer wieder neu Mensch werden, im steten Wechsel, im Aushalten der Alltäglichkeit und im Genießen der außergewöhnlichen Stunden, die uns besondere Nächte bescheren.

In jener Nacht waren Hirten auf dem Felde. Und im Morgenland entdeckten die Weisen am Nachthimmel den hellen Stern. Sie folgten ihm. Sie reisten durch die Nächte. Zu jenem Stall, wo sie mit Maria und Josef, mit Hirten und Engeln die Geburt des Erlösers feierten.

12

LANG, LANG HER

„Die Zachs lassen grüßen? Hallo? Ja, ich bin noch dran. Ja. Hermann und Elli aus Krefeld? Ein Lebenszeichen von den Zachs.“ Ich war überrascht, als mir Sven gestern am Telefon Grüße von den Zachs ausrichtete.

Die Zachs! Wann sind wir weggezogen aus Krefeld? Nach der Wende. Im Februar 1991. Sechzehn Jahre sind wir jetzt schon in Erfurt. Meine Firma hat mir damals den Leiter Außendienst für die neuen Länder angeboten. Musste ich machen. Anne hat sofort gesagt, sie kommt mit. Die Kinder gab's noch nicht.

Die Zachs! Sven und Cora haben auf Mallorca Ferien gemacht, in einem Wellnesshotel. Abends an der Bar kamen sie mit einem älteren Pärchen ins Gespräch. Hermann und Elli. Irgendwann hat Sven erzählt, dass er bei der Constantia arbeitet, dass er Jena und Gera macht. „Constantia-Versicherungen?“, fragte Elli. Als Sven das bejahte, haben sich die Zachs an uns erinnert. „Kennen Sie einen Achim Fortländer?“ – „Klar“, hat Sven gesagt, „mein Kollege in Erfurt heißt so.“ Hätte ruhig sagen können, dass ich sein Chef bin.

Die Zachs waren damals Mitte vierzig. Kinderlos. Wie wir. Als wir in das Reihenhäuschen zogen, haben wir erst mal die Sportausrüstung gesehen, die sich bei unseren Nachbarn im Garten und im Carport stapelte. Skier, Surfbrett, Mountainbikes. Wie bei uns. Hermann hat mich dann auch nach wenigen Tagen angesprochen: „Wollen wir Sonntagmorgen mal zusammen laufen?“ Fand ich gut. Haben wir gemacht. Waren uns sympathisch. Sofort.

Und wie das so ist: Bald haben wir gemeinsam gegrillt. Die Frauen sind miteinander ins Kino, man hat einander zu Gartenfesten eingeladen. Die fünfzehn Jahre Altersunterschied spielten eigentlich kaum eine Rolle. Hermann war ein starker Typ, wusste alles, kannte alles. War mal zur See gefahren. Die Mädels fuhren auf ihn ab. So'n Großer war das, der Hermann, schlank, volle dunkle Haare, Adlernase – da würde Anne jetzt widersprechen. Frauen nennen das „klassisches Profil". „Zach – Kommunikation" hieß seine Firma. Werbung, PR und so.

Elli war eine Ruhige. Bombenfigur, ebenmäßiges Gesicht, große blaue Augen. Eine ganz Warmherzige, Deutschlehrerin. Anne sagte manchmal, sie habe sich immer eine wie Elli als ältere Schwester gewünscht. Die konnte sagenhaft gut kochen, die Elli. Und Gedichte schreiben. Wenn sie eines vortrug, zum Beispiel an meinem Geburtstag – da hatte sie mal eine richtige Ballade geschrieben über mich –, dann hörte man erst mal, was sie für eine Stimme hatte: tief, warm, ausdrucksstark. Ich sag' das hier mal: richtig erotisch. Nee, Elli gefiel mir auch.

Dass sie keine Kinder hatten, verkaufte Hermann als bewusste Entscheidung. „Nichts gegen Kinder", hat er mal erzählt, „aber die würden uns heute nicht mehr reinpassen. Unser Lebensstil ist nicht entsprechend. Ich bin sicher hundert Tage im Jahr unterwegs." Das stimmte. Zach – Kommunikation hatte Kunden in halb Europa. „Und Elli", sagte er mit einem Schmunzeln, „Elli ist kein Muttertier. Mit ihren Ehrenämtern, der Schule und dem Sport ist sie völlig ausgelastet." Elli schwieg. Anne und ich konnten uns Elli gut als Mutter vorstellen.

Das war meiner Erinnerung nach das einzige Mal, dass wir über das Thema gesprochen haben.

Anne hat mir erzählt, Elli und sie hätten ein paar Mal über Nachwuchs gesprochen. Beim Wein nach dem Kino oder nach dem Theater. Elli habe dann ein wenig traurig ausgesehen. Anne war sich von Anfang an sicher, dass sie die Sache ganz anders sah, als Hermann es darstellte. Nach ein paar Minuten habe sie dann das Thema gewechselt mit dem Satz: „Tja, es ist nicht mehr zu ändern. Es ist auch so in Ordnung."

Wir kannten die Zachs vielleicht anderthalb, zwei Jahre, da erzählte mir Anne beim Abendbrot: „Du, die Elli ist schwanger." Sicher? „Ganz sicher. Sie hat einen Test gemacht. Dritter Monat, meint sie." Super! Ich freute mich für sie. Und Hermann? Hermann Zach hatte ein Problem.

„Zuerst wollte er es nicht glauben", hat Elli zu Anne gesagt. Es sei vollkommen unmöglich, schließlich sei er absolut steril – wie Schmidts Kater. Dann hat er Elli beschimpft, sie sei fremdgegangen, während er auf Dienstreise gewesen war. „Seitdem reden sie nicht mehr miteinander. Elli will das Kind auf jeden Fall. Vielleicht trennt sie sich von ihm." Böse Geschichte, dachte ich und wollte mir gerade ein Bier aus dem Keller holen, als es an der Tür klingelte. Hermann. Er sah schlecht aus. „Achim, ich muss mit dir reden", sagte er sehr angestrengt. Reinkommen wollte er nicht. „Dann gehen wir was trinken", schlug ich vor. Er überlegte, atmete schwer und sagte dann: „Okay."

Wir trafen uns in dieser Altbier-Kneipe unten an der Ecke. Als ich reinkam, saß Hermann schon an einem Tisch in der hintersten Ecke. Er rauchte! Hermann, der Sportler, der fanatische Nichtraucher, zog nervös an einer Zigarette. Seine Begrüßung fiel frostig aus. Ein Kopfnicken, mehr nicht. Als ich mich hingesetzt hatte, sah er mich ernst an und raunzte: „Ich nehme an, du weißt es von Anne. Elli. Raus mit der Sprache!" Ich hatte keine Ahnung, was er von mir wollte. Wirklich. Und er wiederholte: „Raus mit der Sprache. Die Wahrheit. Alles." Ich sagte nur: „Hermann, geht es dir nicht gut? Was ist los?" Er zündete sich eine neue Zigarette an. Dann lächelte er bitter. „Okay, du willst es anders." Er sagte es ganz leise, aber mit einem mörderisch aggressiven Ton.

„Soll ich dir erzählen, was los ist, Achim? Ich kann es dir erzählen: Elli ist schwanger. Und du hast ihr den kleinen Bastard gemacht." – „Du spinnst doch!", mehr fiel mir nicht ein. Entweder war er jetzt total verrückt oder er hatte sich einen angesoffen. Aber so wirkte er nicht. „Leugnen ist zwecklos", machte er weiter. „In meinem Fall funktioniert es nicht mit der Methode Kuckuck. Ich bin vollkommen unfruchtbar. Das wissen wir seit zehn Jahren. Und an Wunder glaube ich nicht. Also muss es ein anderer gewesen sein. Und der andere bist du." – „Vollkommen idiotisch", unterbrach ich ihn. „Nein, nein. Ich habe in den fünf Tagen, seit sie es mir gesagt hat, genau recherchiert. Am 23. September habt ihr gevögelt. Ich weiß es." Am 23. September? Oh Gott! „Am 23. September hast du den Abend mit Elli verbracht, bei uns. Und in meinem Bett hast du sie gepackt."

Am 23. September, einem Mittwoch, war ich tatsächlich den ganzen Abend mit Elli zusammen gewesen. Anne hatte eine Fortbildung und es gab Bayern im Fernsehen. Ich hatte mich auf einen schönen Fußballabend eingerichtet. Als ich gerade einen Teller mit Schnittchen und ein schönes Bier neben dem Fernsehsessel postiert hatte, klingelte das Telefon. Elli. Der Fernseher sei ausgefallen, sagte sie. Und Hermann sei immer noch verreist. Ich sei doch so ein Technikkönner. Ob ich nicht mal nachsehen könne. Natürlich habe ich das gemacht, machte ja nichts, wenn ich den Anfang des Kicks versäumen würde. Erste Runde, gegen irgendwelche Schotten, das Spiel war nicht so wichtig.

Ich also rüber zu den Zachs. Hab' dann doch mehr als eine halbe Stunde rumgesucht, bis ich den Fehler am Kabeleingang im Keller entdeckte. Nach zwei Minuten schrauben war alles paletti. Elli hatte in der Zwischenzeit den Abendbrottisch gedeckt – für zwei – und lud mich zum Dank für meine Hilfe auf einen Happen ein. „Wir können auch Fußball schauen, wenn du möchtest", sagte sie. „Nein", wehrte ich ab, „ich schaue mir die Zusammenfassung in den Tagesthemen an."

Und dann? Dann haben wir uns verquatscht. Elli erzählte zum ersten Mal lange von sich. Wenn Hermann dabei ist, hat sie nicht so viel Text. Wir haben – wie sich dabei herausstellte – beide in Freiburg studiert, mit ein paar Jahren Abstand. Wir mochten beide Eric Clapton, wobei sie Cream tatsächlich noch live gesehen hatte. Blanker Neid! Sie legte „Tulsa Time“ auf und wir schwoften ein wenig. Als Anne gegen halb zwölf klingelte, waren wir ganz schön aus der Puste und hatten ziemlich rote Gesichter. Wir nahmen zu dritt noch einen Absacker und dann gingen Anne und ich nach Hause.

„War's schön?“, wollte Anne wissen, als wir uns ins Bett legten. „Ja“, sagte ich und erzählte ihr, was Elli über Freiburg und Cream und Clapton gesagt hatte. „Eine Feine ist die Elli“, murmelte Anne schläfrig. Und: „Ich muss nicht eifersüchtig sein, oder?“ Meine Umarmung genügte ihr als Antwort.

„Glotz mich nicht so saublöd an!“, schrie Hermann. Die paar Leute an den anderen Tischen drehten sich zu uns um. „Leugnen ist zwecklos!“ Ich hatte mich wieder ein wenig gefangen. „Da war nichts, Hermann. Ich habe dein Scheiß-Fernsehkabel repariert, und Elli hat mir ein paar Brote gemacht. Sonst war da nichts!“ – „Genau die gleiche Kacke hat mir die Alte auch erzählt. Aber ich weiß Bescheid. Die sentimentale Kuh und du. Ihr seid schon lange spitz aufeinander gewesen. Und außerdem suchte sie einen Besamer, das Miststück.“ Er trank ex. Und dann fuhr er fort, als spräche er mit sich selbst, als sei ich gar nicht da: „Diese Kindermacke, die konnte sie einfach nicht unterdrücken. Was haben wir bei diesen verdammten Endokrinologen und Fertilitätskaspern rumgesessen. Vier IVF-Versuche! Vier! Dann hat sie mir versprochen: Schluss. Aber sie hat's nicht gehalten.“ Er sah mich lange an: „Okay, ihr habt es miteinander getrieben. Das mit dir und Anne geht mich nichts an. Die ist ja vielleicht so blöd und lässt sich das gefallen. Ich nicht, mein Lieber. Ich nicht! Nicht Zach! Dass ihr rammeln musstet, okay. Aber dass ich angelogen werde und dass sie versucht, mir den Balg unterzuschieben, das ist das Letzte. Ein Wunder!“, äffte er Elli nach, „ein Wunder, mein Schatz, ich bin schwanger. Hähähä. Nicht mit Hermann Zach! Ich bin nicht bekloppt. Ich kann zwar keine Kinder machen, schwachsinnig bin ich nicht. Da habt ihr euch verrechnet, Herr Nachbar!“ Hermann stand auf und verließ türenschlagend das Lokal. Ich zahlte – auch die Zigaretten.

Als ich die Straße hochging, kam mir Hermann in seinem BMW entgegen. Als mich die Scheinwerfer erfassten, hatte ich für einen Augenblick Angst. Es blieb beim Schrecken, er raste vorbei.

Anne. Als ich durch die Tür trat, saß sie zusammengekauert im Dunkel auf der Treppe nach oben. Wie eine kleine Katze. Sie stand auf und flüsterte: „Komm." Im Wohnzimmer brannte kein Licht. Mit dem Rücken zu uns, vor dem Terrassenfenster, stand Elli. „Er ist weg", sagte sie tonlos. Anne öffnete eine Flasche Wein. Niemand sprach ein Wort. Nach einer Weile fragte Anne ins Halbdunkel. „Ihr seid sicher, dass Hermann ..." Teilte sie seinen Verdacht? „Der Abend mit Cream?"

Elli drehte sich um. „Darf ich Licht anmachen?" Sie sprach langsam, machte immer wieder große Pausen. Wir unterbrachen sie nicht. Hermann hatte ihr Tagebuch gefunden. Mit einem Eintrag vom 23. September. „Der nette Nachbar war da. Achim. Seltsam. Mit einem Mann, einem jungen Mann allein im Haus. Eric Clapton, Jack Bruce und Ginger Baker. Sunshine of your love. Anne hat Glück." Mehr stand da nicht.

Was sollte ich sagen? Was wollte Anne hören? Anne wollte gar nichts hören. Anne schaute mich lange an. Dann umarmte sie Elli, die zu schluchzen begann. Sie strich ihr durch die Haare, wie man ein weinendes Kind tröstet. Dann huschten ihre Sätze durch den Raum, klare, kleine, vernünftige Sätze. „Ich kann Hermann verstehen. Was du mir erzählt hast, Elli, das ganze Kapitel war für ihn mindestens so bitter wie für dich. Und jetzt du – schwanger. Und er – schwanger. Schwanger mit Ängsten. Nie Kinder haben können. Dann das Tagebuch. Wer glaubt da an Wunder, anstatt das Wahrscheinliche zu sehen? Ich liebe dich, Achim. Und ich liebe dich, Elli. Wie eine Schwester. Ich habe beschlossen, euch zu glauben. Weil ich euch liebe, glaube ich euch. Und außerdem werden wir die Wahrheit wissen können, wenn das Kind da ist. Bis dahin müssen wir vertrauen, müssen wir alle einander vertrauen. Wo könnte ich Hermann finden, Elli?"

Anne fand Hermann in dieser Nacht. In einem Hotel an der Autobahn. Im Morgengrauen kamen sie zurück. Hermann sprach nicht. Nicht mit Elli, nicht mit mir. Nur mit Anne sprach er in den nächsten Wochen. In den nächsten Monaten. Und Anne erzählte nichts von dem, was sie sprachen. Zu Elli sagte sie nur: „Halt durch." Immer wieder. Und sie half ihr, als sie in den letzten Wochen ihrer Schwangerschaft viel liegen musste, kaufte ein, kochte. Hermann war noch mehr unterwegs als sonst. Mehr als ein, zwei Nächte die Woche verbrachte er nicht zu Hause. Dann schlief er in seinem Arbeitszimmer. Und wenn er es einrichten konnte, lief er oder fuhr Rad.

Anne und ich lebten in zwei Leben. Im einen gingen wir unseren Jobs nach. Im anderen spielten wir Nebenrollen in der Zach-Story. Es ging uns nicht schlecht, aber auch nicht gut. Nachdem meine Frau beschlossen hatte, mir zu vertrauen, erwähnten wir den 23. September nicht wieder. Mit keinem Wort. Und wenn Anne mich umarmte, schien es wie früher zu sein und unwirklich zugleich. Ich wärmte mich an ihr.

Ein paar Tage vor dem Geburtstermin packte Hermann seine Koffer und verreiste mit unbekanntem Ziel. Anne wusste mehr als wir. „Macht euch keine Sorgen. Hermann kommt zurück."

Als bei Elli die Wehen einsetzten, fuhr Anne sie ins Krankenhaus. Vier Stunden später rief sie mich an: „Es ist ein Junge. Sie will ihn Johannes nennen. Es geht beiden gut. Der Arzt hier sagt, du könntest morgen schon vorbeikommen wegen des DNA-Tests." Ich meinte, ein leises Zittern in ihrer Stimme zu hören.

Als Hermann mich um Verzeihung bat, wollte ich davon nichts wissen. Was sollte ich ihm verzeihen? Er war ein glücklicher Vater. Ich gönnte ihm „sein Wunder" aus vollem Herzen. Ein paar Wochen später kam das Angebot, Erfurt zu übernehmen. Gut so. „Wir müssen unser eigenes Leben wieder führen lernen", stöhnte Anne nach der großen Abschiedsparty, bei der Hermann wieder und wieder die Geschichte erzählt hatte.

Er tat es laut, ohne Aussparung der Details, sich selbst nicht schonend, den Säugling auf dem Arm. So, wie er es fast jeden zweiten Abend seit Johannes' Geburt getan hatte. „Und dann hatte ich meinen guten Freund, meinen Nachbarn im Verdacht. Achim, erzähl', wie ich dich angemacht habe. Meine Herren, wie war ich drauf! Achim, sag es mir! Ich bin ein Idiot!“ Ich wollte ihm das aber nicht aufs Stichwort sagen. Immer wieder. Und immer wieder. Elli schien es ganz ähnlich zu gehen.

Als der Umzugswagen abfuhr, wussten wir alle: Es könnte ein Abschied für immer werden. Oder zumindest für lange Zeit. „Besser so“, meinte Elli nur. Besser so.

Ob Johannes seinem Vater wohl ähnlich sieht?

13

YOU'LL NEVER WALK ALONE

Ich stehe jetzt in der dritten Generation im Orchesterdienst. Und ich darf sagen, rein materiell waren wir noch nie so gut aufgestellt wie gegenwärtig. Wir sind fast fünfzig Leute. Und jedes Jahr kommen neue hinzu. Propere, strahlende Kerlchen mit ungebrochenem Ehrgeiz sind das, aus dem gleichen Holz geschnitzt wie ich. Erzgebirgler eben. Und Engel, wie die Flügelchen, die man uns auf den Rücken geleimt hat, auch dem kleinsten Kind sofort zeigen.

Ich spiele Tuba, na ja, soweit man als Einarmiger eben Tuba spielen kann. Aber das ist nicht wesentlich. Unser Orchestersound ist nicht von dieser Welt. Und wenn wir musizieren, dann entstehen die Stücke in den Seelen der Leute, die uns dabei zusehen. Das war so, das ist so und das wird so bleiben, solange es Engelsorchester gibt.

In meinem Orchester bin ich mit Abstand der Dienstälteste. Ich habe vor gut siebzig Jahren im Haushalt der Großmutter der heutigen Besitzerin angefangen. Ich war nicht der erste Musiker, der bei den alten Grünbergs ins Haus kam. Als ich ausgepackt und zu den anderen gestellt wurde, begrüßte mich das halbe Dutzend, das schon auf der Anrichte neben dem Adventskranz aufgestellt war, jedenfalls mit lautem Hallo. Drei Geiger, ein Cellist, Triangel und Trommel. Versuchen Sie sich mal vorzustellen, wie das geklungen haben muss! Bläser gab's noch nicht. Erst mit meinem Eintreffen, jubilierte der Cellist, hätte man tatsächlich von einem Orchester sprechen können. Zwar haben wir alle (fast) gleiche Gesichter. Anders als bei Menschen sagen die jedoch nichts über den jeweiligen Charakter. Darüber entscheidet das Instrument, das wir spielen.

Wir Bläser, vor allem die Abteilung Blech, sind die Lieblinge der kleinen Jungs. Wenn die uns in die Hand nehmen – und Jungs nehmen alles in die Hand, sonst sehen sie nicht gut – dann hört man als Engel genau, wie in den kleinen Köpfen die Sause losdröhnt. Es trompetet wie eine ganze Elefantenherde. Die Menschen merken das nicht. Wir schon. Die Saitenzupfer sind da ganz neidisch. Die lachen erst wieder, wenn die Mädchen das Orchester entdeckt haben. Die kleine Tochter von den Grünbergs war immer ganz verrückt nach unserem Harfenspieler. Aber das ist Vergangenheit. Ich habe viel mitgemacht und bin der einzige Überlebende des alten Grünberg-Ensembles.

In den dreißiger Jahren des vergangenen Jahrhunderts hatten wir zunächst einen guten Stand im altdeutschen Wohnzimmer. Immer rechts neben dem Adventskranz. Auf der linken Seite wurde die Kerzenpyramide aufgestellt. Alles hatte seine genaue Ausrichtung. Die Grünbergs waren sehr ordentlich. Wenn uns die Kleinen mal in die Hand nahmen, mussten sie uns wieder exakt auf den richtigen Platz zurückstellen. Gottfried Grünberg, selbst ein sehr musikalischer Mensch, nutzte diese Gelegenheit grundsätzlich zu einer Lehrstunde für seine Kinder und beschrieb, wie ein klassisches Sinfonieorchester sich gruppierte.

Orchesterengel waren schon damals beliebte Mitbringsel für Adventseinladungen. Man wusste in diesen Kreisen zum Beispiel genau, dass die Grünbergs getreu ihrem Familiennamen „Grüngeflügelte" sammelten. Gottfried war hocherfreut, wenn der Neuankömmling passte. „Oh, ein Klarinettist! Da sind wir tatsächlich schwach auf der Brust!" Wenn die Gäste gegangen waren, kam es aber auch vor, dass er stöhnte: „Schon wieder ein Pauker! Wir haben jetzt fünf, obwohl zwei völlig ausreichen. Die schlagen den Streichern doch alles kaputt." Inge, seine Frau, fand das etwas übertrieben. Und die Kinder sowieso. Jedes Jahr versuchte Grünberg, die überzähligen Instrumentalisten in der Adventskiste zurückzuhalten. Dann meuterte der Nachwuchs, nörgelte, jammerte und weinte, bis Vater klein beigab. Er tat es immer. „Euch zuliebe, obwohl es eine rechte Kakophonie ergäbe, wenn die Engel tatsächlich musizieren würden." Gottfried war musikalisch, menschlich musikalisch – von Engelsmusik indes hatte er nicht die geringste Ahnung. Engelsorchester klingen immer sphärisch und schön, solange nur genügend Blechbläser dabei sind.

Im Krieg wurden die Grünbergs ausgebombt. Sie verloren fast ihre gesamte Habe. „Das Orchester habe ich gerettet", verkündete Inge triumphierend, als sie uns Weihnachten 1945 auf der Flucht aus dem Koffer holte. Wir zählten durch. Nicht alle hatten überlebt. Aber zwei Dutzend Engel traten in der Notunterkunft in Bochum an, um den Grünbergs wenigstens einen Abglanz ihres alten Weihnachtszimmers zu schenken.

Schrammen hatten wir reichlich abbekommen. Der Dirigent – für ihn kein Problem – musste ohne Taktstock agieren. Mein rechter Arm wackelte, wurde aber geklebt. Mein Kollege mit der Triangel hatte den Kopf verloren. Da wir, wie schon gesagt, sphärisch musizieren, waren die Verluste halb so wild. Das sahen auch die drei Grünberg-Kinder nicht anders.

Max, der Älteste, mochte inzwischen dreizehn Jahre alt sein. Ein fröhlicher Kerl. Er brachte eines Abends seine Kumpane aus der Straße mit ins Zimmer, um ihnen unser Orchester vorzuführen. Die anderen Jungs bekamen große Augen. Eine unheilvolle Angst griff in unserem Haufen um sich. Und tatsächlich: Am nächsten Morgen stellten Max und seine Schwester Resa fest: Es fehlten drei von uns. Max weinte vor Zorn. Das letzte Mal, dass ich ihn weinen sah. Es hatte auch meinen Nachbarn erwischt, einen Trompeter mit dicken Backen. Maxens Liebling.

In der neuen Wohnung, die Grünbergs im Jahr darauf bezogen, standen wir noch viele Adventstage. Auch als Gottfried schon gestorben war und die Kinder längst das Haus verlassen hatten. Inge war nun zu unserer einzigen Bezugsperson geworden. Sie pflegte uns, so gut es ging. An Nachwuchs war nicht zu denken. Die paar

Musikengel, die „aus der Zone" auf die Weihnachtsmärkte im Westen kamen, waren teuer. Inge Grünberg mit ihrer schmalen Rente konnte sie sich nicht leisten.

Beim großen Feuer 1962 kamen elf von uns um. Die zwei Kinder von Resa hatten unbemerkt Kerzen zwischen uns aufgestellt, während die Alten Tee tranken und plauderten. Als sie den Brandgeruch bemerkten, war es für die Geiger und den Dirigenten zu spät. Ich wurde schwer verletzt gerettet. Ausgerechnet mein gesunder Arm war abgebrannt bis auf den Stumpf. Aber ich konnte noch stehen. Das genügte den Enkeln, die uns ins Herz geschlossen hatten.

Unsere kleine Truppe schmolz weiter. Jedes Jahr gab es Verluste. Bis ich alleine übrig geblieben war. Inge – inzwischen selbst recht wackelig – holte mich mit zittrigen Fingern aus dem Seidenpapier und gab mir Exil in der Weihnachtskrippe, zu der ich eigentlich nicht passte. In manchen Jahren steckte sie mich ins Strohdach des Stalls. Nicht mein Ding. Aber besser, als weggeworfen zu werden.

Als Resas Tochter Johanna heiratete, bekam sie mich von ihrer Oma geschenkt. Ich bin sicher, dass die alte Dame Johanna mit mir die größte Freude machte. Es schimmerte feucht in ihren Augenwinkeln, als sie mich in die Hand nahm. Das war der Anfang einer Alterskarriere, mit der ich längst nicht mehr gerechnet hatte. „Weißt du noch – das Feuer? Vater wollte den Tubisten auch in den Mülleimer stecken. Ich habe so lange gebettelt, dass er da bleiben durfte. Er kann doch noch stehen, schluchzte ich", erzählte Johanna. Es war die reine Wahrheit, ich kann es bestätigen.

Mein Glück wollte es, dass Johannas Mann Frank auch an mir Gefallen fand. Und schon im nächsten Jahr waren wir zu dritt. Er hatte auf dem Weihnachtsmarkt einen Oboisten und einen Engel mit Kontrabass gekauft. Im Jahr drauf waren wir schon wieder ein ordentliches Kammerorchester.

Die wirkliche Wende ereignete sich aber erst 1990. Da kam es zu einer regelrechten Massenankunft auf dem Sideboard, wo wir aufgestellt worden waren. Flötisten, Fagottisten, Bratscher, Harmonikaspieler stellten sich vor, sogar ein Pianist mit einem Flügel stieß zu uns.

„Der muss teuer gewesen sein“, murmelte Johanna. „Logisch“, brummte der Engel am Klavier, was sie leider nicht hören konnte.

Heute sind wir ein strahlendes himmlisches Heer. Wir stehen auf dem klassischen Konzertpodest, das sich Johannas Sohn Martin letztes Jahr gewünscht hatte. Der neue Dirigent gleicht meinem alten Freund wie ein Grünflügler dem anderen. Und Martin erzählt jedem Gast meine Geschichte. „Das ist der Veteran, den hat Mama von Urgroßmutter geschenkt bekommen.“

Inge verfolgt den jährlichen Auftrieb mit sichtlichem Wohlgefallen. Sie sitzt oben auf ihrer Wolke zwischen den anderen verstorbenen Grünbergs und zieht ihren Gottfried damit auf, dass Martin ganz andere Vorstellungen von einem Engelsorchester hat als der Urahn. Das hat mir der Kesselpauker erzählt, unser Jüngster. Der hat noch gute Kontakte ins Paradies. „Das ist kein Orchester mehr“, habe Gottfried geseufzt, „zwanzig Trompeter, Posaunisten und Tubaspieler – das ist eine Bigband.“ Jawohl, eine Bigband sind wir. Und nachts, wenn die Familie schläft, blasen wir „You'll never walk alone!“ Da wird es gerade mir warm ums Herz, wie Sie sich sicher vorstellen können.

14

FÜRCHTET EUCH NICHT!

Sie wird das Kind bekommen. Sie wird es bekommen. Die Ärztin Elisabeth Gabler warf die Lesebrille auf den Schreibtisch, zog den weißen Kittel aus, schnappte sich ihre Handtasche, schaute an der Tür noch einmal prüfend zurück, ob der PC auch runtergefahren war, und verließ ihr Büro.

Die Praxis war längst dunkel. Dr. Gabler sah auf die Uhr. Halb zwölf. Konrad hatte die Kinder längst zu Bett gebracht. Wahrscheinlich saß er schlafend vor dem Fernseher. Viel Eheleben fand heute nicht mehr statt. Wenn sie jetzt nach Hause fahren und mit ihm reden wollte, das wusste Elisabeth Gabler, drohte Ärger mit ihrem Mann. Sie waren vielbeschäftigte Leute. Sie brauchten ihre Kraft für den nächsten Tag, würde Konrad sagen.

Konrad hatte einen anderen Rhythmus als Elisabeth. Er stand in der Regel spätestens um halb fünf auf, ging joggen und saß spätestens viertel nach fünf geduscht mit einem Pott Kaffee vor seinem Notebook. Sie stand um halb sieben auf, weckte die Kinder. Zwanzig Minuten gemeinsames Frühstück. Konrad hinter dem Sportteil der Zeitung oder hinter dem Wirtschaftsteil. Maximilian musste genötigt werden, wenigstens ein halbes Brot zu essen. Und Sophie jammerte, weil das Kult-T-Shirt von den Wise Guys wieder in der Wäsche war. Halb acht sprang Konrad auf, küsste sie flüchtig – „Schönen Tag, meine Maus" – und marschierte zur Bahn, meistens die Kinder im Schlepptau, deren Schule auf seiner Strecke lag.

Elisabeth gönnte sich dann noch einen Kaffee, las ein wenig im Feuilleton oder im Lokalteil und fuhr kurz vor acht in die Praxis. Labor und Sprechstunde bis eins. Dann nach Hause. Mittagessen kochen. Mit den Kindern essen, Wäsche, Post durchsehen, Überweisungen schreiben und auf dem Weg in die Nachmittagssprechstunde schnell durch den Supermarkt hüpfen.

Sie wird das Kind bekommen, die Kleine. Ganz sicher war sie sich da. Sie hatte das schmale Gesicht mit den Mandelaugen und dem energischen Kinn genau vor Augen, als sie in der Tiefgarage ins Auto stieg. Eigentlich hatte Elisabeth das Bedürfnis, jemandem die ganze Geschichte zu erzählen. Und zwar jetzt. Aber der arme Konrad hatte dazu mit Sicherheit nicht die geringste Lust. Anstandshalber würde er ihr ein paar Minuten zuhören. Dann würde er gähnen oder fragen: „Und wo ist das Problem?“ Oder er würde sagen: „Hirngespinste, Blödsinn, alles Hirngespinste. Maus, du arbeitest zu viel.“ Und dann würden sie wieder Krach kriegen oder zumindest in mieser Stimmung schlafen gehen.

Konrad seinerseits erzählte selten vom Job. Die Frage, wie sein Tag gewesen sei, pflegte er mit „Geht so“ zu beantworten, oder er seufzte: „Ach Maus, willst du das wirklich wissen? Nicht wirklich, oder?“ Und er hatte ja recht. Konrads Geschichten handelten nur von ihm selbst. Entweder war er der Held einer genialen Aktion, in der zum Beispiel der bösen Konkurrenz ein entscheidender Auftrag weggeschnappt wurde. Oder er war das Opfer von Unfähigkeit, Dummheit oder fehlender Disziplin seiner Kollegen, die ihm wieder einmal einen Erfolg vermasselt hatten. Männer wie Konrad waren die Nachfahren der Ritter von der Tafelrunde. Umgeben von Drachen, bösen Zauberern und stümperhaften Gefährten, bestanden sie Abenteuer. Nur leider in einer Welt ohne Ross und Lanze. Notebook und Handy sind ein schlechter Ersatz. Kein kräftezehrender Schwertgang, der einen physisch forderte. Keine blutigen Wunden, die man sah und versorgen konnte. Nur Schrammen im Gemüt. Und Stresshormone, die man wegjoggte.

Konrad redete nicht. Und zuhören wollte er eigentlich auch nicht. Dass jeder sein Ding macht, war seine Maxime geworden. Aber Elisabeth wollte über die kleine Ines reden, über den Traum und das Kind in ihrem Leib.

Es nieselte in dieser Nacht wie in tausend anderen deutschen Novembernächten. In der Schillerstraße tauchte zwischen den Scheibenwischern das leuchtende Schild des Irish Pub auf. Elisabeth bremste, entdeckte eine freie Parklücke und stellte das Auto ab. Dann rief sie zu Hause an. Konrad war es offensichtlich nicht unrecht, als sie ihm kurz erzählte, eine alte Bekannte aus der Uniklinik habe sie heute Abend angerufen, mit der sie sich spontan auf einen Absacker verabredet habe. „Mach' nicht so lange, Maus, morgen früh ist die Nacht rum", sagte er freundlich. Und tschüss.

Elisabeth öffnete die Tür des Lokals. Alle Tische im Pub waren besetzt. Drei junge Typen spielten Poolbillard. Am Tresen war noch ein Hocker frei. Elisabeth bestellte ein Guinness. Wie zum Teufel war sie auf die Idee gekommen, hier jemanden zu finden, dem sie von Ines und ihrer Schwangerschaft erzählen konnte? Warum hatte sie nicht Marietta angerufen, ihre Studienfreundin? Die war Gynäkologin wie sie, hatte eine Praxis in Wuppertal. Marietta. Nee, war schon richtig, die nicht anzuklingeln. „Was ist los", hätte sie gefragt, „macht Konrad Stress?" Und wenn sie ihr die Geschichte erzählt hätte, wäre Marietta genervt gewesen. „Du machst dir einfach zu viele Gedanken. Das ist tödlich in unserem Job." Für Marietta waren Patientinnen Fälle. Würde sie aber jederzeit energisch bestreiten. „Nein, das nicht. Es geht um ein Minimum an professioneller Distanz."

Elisabeth mochte kein Guinness. Aber nun musste es runter. Der Mann hinterm Tresen hatte sie wohl schon eine Weile beobachtet. Jetzt grinste er sie an und meinte: „Lassen Sie es stehen, wenn sie es nicht mögen. Geht aufs Haus. Wie wär's mit einer Weißweinschorle?" Elisabeth nickte. Der Typ erinnerte sie an jemanden, an irgendeinen Theatermenschen, den sie vor ein paar Tagen im Fernsehen gesehen hatte. Jürgen Flimm oder so ähnlich. War schwer zu schätzen, aber wahrscheinlich schon an die sechzig. Kahle Stirn, Nickelbrille und fusselige Nackenbehaarung. Mit Schwung stellte er das Weinglas vor ihr ab und goss das Guinness in die Spüle. „Schwerer Tag?"

„Sieht man mir das an?“ – „Ein bisschen, wenn ich ehrlich bin, obwohl das bei gut aussehenden Frauen schwer zu sagen ist. Aber selbst Leid und Anstrengung können ein schönes Gesicht nicht entstellen, nur noch interessanter machen.“ Der Typ zog heftig die Register. Auf Billigflirt hatte sie nun wirklich keinen Bock.

Sie wird das Kind bekommen. „Wollen Sie wirklich wissen, wie mein Tag war? Nicht wirklich, oder?“ – „Doch, doch. Sie haben eine gute Geschichte. Ich merke sofort, wenn jemand eine gute Geschichte zu erzählen hat. Sie sind Ärztin?“ Woher wusste er das? Hatte sie versehentlich? Nein, sie hatte den Kittel ausgezogen, bevor sie die Praxis verließ. Er: „Sie können nur Ärztin sein. Ich bin Arzt. Eigentlich. Als ich diese Kneipe übernommen habe, vor fast dreißig Jahren, habe ich mich für diese andere Art Medizin entschieden. Getränke in verträglichen Dosen, therapeutische Beratung inklusive. Also reden Sie! Von Kollegin zu Kollege. Alles bleibt unter uns. Ehrensache. Ich bin übrigens der Bobby. Man nennt mich hier auch den Herbergsvater.“

Der seltsame Halbernst dieses Kerls behagte ihr. „Dann können Sie mir doch sicher auch auf den Kopf zu sagen, was mein Fach ist, Bobby?“ – „Nicht ganz einfach. Radiologin sind sie nicht. Praktische? Nein, passt nicht zu Ihnen. Sie schauen richtig rein in menschliche Öffnungen. HNO? Zu kopflastig. Frauenärztin? Ja, Frauenärztin!“ Elisabeth nickte anerkennend. „Und jetzt die Geschichte. Oder soll ich sie Ihnen erzählen und sie korrigieren, wenn etwas falsch läuft?“ Nicht schlecht. „Okay, Bobby. Die Regeln: Nach fünf Fehlern brechen wir ab.“ – „Und wenn ich zum richtigen Ende finde? Dann darf ich mir etwas wünschen!“ Also doch nur Anmache. „Nein! Nicht, was Sie befürchten. Ich bin Gentleman, auch wenn es schwerfällt mir das zu glauben. Ich verspreche: Ich werde mir etwas wünschen, was Sie gerne geben, ohne es später zu bereuen.“

Elisabeth setzte das Glas ab, schloss für einen Moment die Augen und Bobby begann: „Vor zwei Wochen kam eine junge Frau in Ihre Praxis, gerade mal achtzehn Jahre alt. Schwanger. Von wem, wollte sie nicht sagen. Sie haben sie untersucht. Im Gespräch offenbarte sie Ihnen, was sie schon angenommen hatten. Sie wollte abbrechen. Sie sagte: Ich möchte das Kind nicht. Nichts Sensationelles, zudem nicht in diesem Alter. Stimmt's?" Elisabeth fragte: „Woher wissen Sie das? Ist sie Ihre Tochter?" – „Nein. Sie ist nicht meine Tochter. Also stimmt. Sie haben ihr die Adresse der Schwangerschaftsberatung gegeben. Das ist klar. Heute kam sie wieder. Sie vermuteten, um den Abbruchtermin zu vereinbaren." – „Raus mit der Sprache, Bobby. Was ist das für ein Spiel? Sie kennen die Kleine!" Noch immer gab Elisabeth die Identität von Ines nicht preis. „Mag sein. Lassen Sie mich zu Ende erzählen. Dann wissen Sie es." Elisabeth war wütend, vor allem auf sich selbst. Am liebsten wäre sie aufgestanden und gegangen. Andererseits aber … Die Geschichte an sich war so seltsam, dass sie die neue Wendung auch nicht mehr überraschen dürfte. Und irgendwie wirkte dieser Bobby mit seiner rauen dunklen Stimme nicht wie einer, der Leute zum Spaß verarscht. Mürrisch forderte sie ihn auf: „Dann machen Sie schon. Vorwärts." Bobby lehnte sich über den Tresen, ganz nah an Elisabeths Ohr. Das Pärchen auf den Hockern links von ihr war mit sich selbst beschäftigt und kriegte davon nichts mit. Und der Platz rechts war seit ein paar Minuten frei. Bobby, der gar nicht nach Kneipe roch, sondern nach Anis, wie sie verblüfft feststellte, senkte die Stimme und redete fast im Flüsterton: „Ines – die Kleine, wie sie sagen – wollte aber gar nicht mehr abtreiben und …" – „… teilte mir mit, dass sie mir dankbar sei", fiel ihm Elisabeth ins Wort. „Sie erzählte mir eine wirre Geschichte. Sie sei vor drei Tagen mit dem Beratungsschein in der Tasche nach Hause gekommen. Dann habe sie mit ihren Eltern zu Abend gegessen und sei früh zu Bett gegangen. In der Nacht, so schilderte sie es, sei ich ihr erschienen. Sie sagte nicht, sie habe von mir geträumt. Sie sagte: Sie sind mir erschienen, Dr. Gabler. Und Sie haben mir gesagt, ich solle keine Angst haben. Ich, sagte Ines, hätte ihr mitgeteilt: Du wirst eine Tochter gebären und der Geist wird mit ihr sein." Bobby, immer noch über den Tresen gelehnt, sah Elisabeth lange an. „Und wenn ich Ihnen nun sage, dass Sie, Dr. Gabler, auch mir erschienen sind? Mir, der ich allem Übersinnlichen so fern bin wie ein Bagger dem Segelfliegen? Träumte ich? Nein, ich träumte nicht. Sie standen vor meinem Bett und meine Freundin lag neben mir. Sie wachte auf, konnte Sie nicht sehen, wohl aber, dass ich nicht schlief. Und ich wiederum sah neben mir meine Freundin. Und ich wusste, dass nur ich diese Erscheinung hatte. Mir sagten Sie, Dr. Gabler, oder wer sich auch immer Ihrer Person bediente: Josef, hab keine Angst. Ines wird zu dir kommen. Sie ist schwanger. Und du wirst dem Kind ein Vater sein. Ich verstand nichts. Und ich verstand alles."

Wie lange sie Bobby angestarrt hatte, vermochte Elisabeth später nicht mehr zu sagen. Es muss lange gewesen sein. Bobby schwieg. Irgendwann begann er zu sprechen: „Und gestern Abend saß Ines auf diesem Platz. Ich habe sie zum ersten Mal in meinem Leben gesehen. Aber ich wusste: Sie ist es. Sie sagte nur: der Engel. Sie gab mir Ihre Adresse. Und ich sagte: Ich werde für dich und das Kind da sein. Das war's. Für einen kritischen Menschen eigentlich der Punkt zu überlegen, ob es nicht zu viel mit dem Alkohol sei. Seltsamerweise empfand ich in diesem Augenblick ebenso wenig Angst wie bei der nächtlichen Erscheinung. Noch weniger verspüre ich Zweifel oder ein Interesse, der Sache auf den Grund zu kommen. Und seit Sie vor einer Stunde diesen Raum betraten, bin ich absolut davon überzeugt, dass ich keine Wahl habe – so wenig wie Ines. Und alles ist gut so."

Elisabeth empfand, dass sie diesem Bobby glaubte. Bobby, diesem fremden Menschen. Bobby, der zu einer eigentlich absurden Geschichte eine noch seltsamere Wendung gefügt hatte. Es durchfloss sie eine Milde und Wärme, wie sie sie nicht kannte. Sie ging von Bobby aus, wie sie vor ein paar Stunden aus Ines auf sie gestrahlt hatte. Nur: Warum hatte sich der oder das Unaussprechliche ihrer Gestalt bedient, hatte sie nachts Menschen erscheinen lassen? Hätte es oder er nicht einen anderen Weg wählen können? „Hätte wohl", lächelte Bobby, „hat aber nicht. Muss auch nicht. Wir sind nur Menschen. Wir verstehen es nicht oder wir verstehen es ganz. Und das ist in diesem Fall ungefähr dasselbe. Und jetzt müssen Sie nach Hause und schlafen gehen. Haben Sie keine Angst!"

Wie sie nach Hause gekommen war, wusste Elisabeth Gabler am nächsten Morgen nicht. Dass Konrad sehr zärtlich war in dieser Nacht und dass ihr das gefallen hatte, das spürte sie nicht nur an diesem Morgen, sondern noch sehr lange. Die Geschichte würde sie für sich behalten, sie hatte es Bobby versprochen. Das war es, was er sich von ihr gewünscht hatte. Sie war sich mit ihm einig: Jemand, der es nicht erlebt hatte, nicht beteiligt gewesen war, würde das Geschehene nicht glauben, würde es psychologisch oder naturwissenschaftlich zu zerlegen versuchen. Das galt auch für Konrad, den rationalen Zahlenmenschen.

Elisabeth streichelte Sophie und Maximilian, als die drei wie gewöhnlich zur Bahn aufbrachen. Konrad gab ihr den üblichen Kuss, nur zarter als sonst. Und dann hauchte er ihr ins Ohr: „Ich wünsche dir einen wunderschönen Tag, mein Erzengel."

15

HERR ROHDE UND DIE UNSCHULDIGEN KINDER

Als die Headhunter mich um Hilfe baten, habe ich das durchaus als Kompliment empfunden. In unserer Branche gibt es – global gesehen – sicher eine Menge Leute, die größere Aufgaben managen, die bekannter sind und mehr verdienen als ich. Dass WT, meines Wissens gegenwärtig die Nummer fünf oder sechs unter den weltweit aktiven Personalberatungen, ausgerechnet den Kontakt zu mir suchte und dann gleich auch noch mit drei Mann anrückte, das empfand ich nach mehr als dreißig Jahren in diesem Business als tatsächlich außergewöhnlich.

„Mister Rohde", strahlte mich McIntyre an, offenbar der Leiter des Projekts, und schob mir die Rechte zum Schütteln vor den Bauch, „schön, dass Sie Zeit für uns haben." Die Amis erkenne ich immer am Handshake. Das sind regelrechte Kraftakte. Ich trage heute ja keinen Ring mehr wie in meiner ersten Ehe. Bei meiner US-Premiere 1977 in Rochester war das noch anders gewesen. Und wochenlang erinnerten mich die beiden kleinen Blutergüsse am Mittelfinger und am kleinen Finger an die quetschenden Begrüßungen in der Company: „How're you doin', Äxxel?" Mit Zahnpastalächeln und manchmal zum Abschluss mit einem krachenden Hieb auf meine linke Schulter. „Gooood Guy!" Ja, ich war stolz. Axel Rohde aus Homburg/Efze, „the new coming man of german media business". Und nun bin ich ein alter Knabe. Mit Anfang fünfzig. Und man sucht meinen Rat, wenn man neue Leute für spannende Jobs sucht.

Okay, schweifen wir nicht ab. Ich habe versprochen, Ihnen die ganze Geschichte zu erzählen. Meine Version, wie man heute sagt.

Also, die WT-Truppe. McIntyre – ich habe ihn natürlich von Salomon checken lassen . Salomon war mein Persönlicher. Kluger Junge. Bisschen zu schüchtern, aber unglaublich fit. Aus dem könnte einer werden, wusste ich, als ich ihn holte. Wenn er von den richtigen Leuten geformt wird. McIntyre: Der führende Senior Consultant bei WT. Viel weiß man nicht über ihn, man nennt ihn „den Sterndeuter". Der Mann für die heiklen Jobs. Man sagt ihm in den Staaten ein Gespür für Rookies nach. John Bugs, bei dem Salomon angerufen hat – Bugs kennen Sie? Hat vor zwanzig Jahren Culture Line börsenreif gemacht, dann in Moskau Gospodinov völlig umgekrempelt und zum Running Mate Nummer eins auf dem Ostmarkt gemacht. Sitzt jetzt auf seiner Ranch in Colorado rum. Wir kennen uns, seit wir Anfang der 90er gemeinsam die World Media Convention moderiert haben.

John Bugs meint, es seien eher McIntyres exzellente Infos über den Topnachwuchs der Eliteunis in den Staaten und in Westeuropa, die ihn so erfolgreich machten, als dieses sogenannte Gespür. Und seine Kunst, sich im Hintergrund zu halten.

Mir war McIntyre gleich sympathisch. Mein Alter, auch ein paar Kilos zu viel. Überhaupt nicht businesslike gekleidet. Italienisches Sakko, mindestens fünf Jahre täglich getragen. Ich hatte das Feuilleton der Frankfurter Allgemeinen auf dem Tisch mit der Story über diesen Kunstraub in Nizza. Hat er sofort wahrgenommen und den Small Talk damit eröffnet. „The Massacre of the Innocents – wie sagt man deutsch? – der Kindermord von Bethlehem? Dieses schreckliche Bild von Nicolas Poussin hätte ich nicht gestohlen. Wenn, dann das Gemälde von Rubens, das man bei Southeby's vor ein paar Jahren für fast 80 Millionen Dollar versteigert hat." Er hat allerdings rasch gemerkt, dass ich in der Malerei nicht zu Hause bin, und elegant das Thema gewechselt. Salomon meinte nachher: „So stellt man sich eher einen Kunsthistoriker von der Uni in Florenz vor als einen amerikanischen Headhunter."

Na gut, zurück zum Thema. McIntyre stellte mir die anderen beiden vor. Kaspers, der Leiter der Düsseldorfer Niederlassung, schlank, drahtig, im korrekten grauen Anzug – so stellt man sich WT-Leute vor. Den Namen des dritten Mannes habe ich vergessen, ein Schwarzer – Verzeihung, ein Afroamerikaner, irgendwas mit B. Der sprach wenig, machte Notizen.

Sie suchten einen jungen Mann, Überraschung, Überraschung. Wer sucht heute noch erfahrene Leute? Niemand! Für ein großes China-Geschäft. Für wen? Geheimnis, großes Geheimnis. Aber ich bin ja nicht von vorgestern. Ich fragte nicht nach. Tut man nicht. Musste ich auch nicht. Ich weiß, wer da infrage kommt. Dachte ich zumindest. Das Wichtigste, der Mann musste absolut sauber sein. „Makellos", sagte McIntyre. Das sind doch die Jungs fast alle, erwiderte ich, solange sie noch keinen großen Deal abgewickelt haben. Der Schmutz am Revers kommt erst mit den Jahren. Wie bei mir. McIntyre lachte dröhnend: „Axel! Ich liebe Ironie. Wissen Sie, bei uns heißen Sie Mr. Clean! Deswegen sind wir ja hier. Der Big Boss" – damit meinte er Cyrus Irving, die Nummer eins von WT – „der Boss kam bei unserem Meeting vergangenen Mittwoch auf Sie. Wenn in Europa jemand weiß, wer wirklich sauber ist, wer unser Mr. Perceval sein könnte, dann ist das Axel Rohde." Saubermann Rohde. Köstlich. Die hätten meine Presse sehen sollen, als ich vor zwei Jahren dreihundert Internetfiguren auf die Rakete geschnallt und abgeschossen habe! Aber unsere Schundblätter erscheinen nicht auf Englisch.

Sauber. Was sollte ich mir darunter vorstellen? „Die Medienbranche hat neben der Rüstungsindustrie, den Nuklear-Freaks und den Ölboys weltweit den miserabelsten Ruf. Und zu Recht." Da war McIntyre schwer zu widersprechen. „Und gerade im China-Geschäft tummeln sich viele Gestalten, die innerhalb kürzester Zeit ihren Ruf und den ihrer Häuser ruiniert haben, weil sie in Sachen individueller Menschenrechte schon klein beigegeben haben, bevor die Chinesen auch nur den Mund aufmachten." Kaspers grinste komisch, als McIntyre das sagte. „Diese Typen verwechseln Geschäftemachen mit Anbiedern. Aber das ist ja in Zeiten der Shareholder-Values und der berühmten Quartalszahlen inzwischen weltweit nichts Besonderes mehr. Deshalb suchen wir einen durch und durch anständigen und hochintelligenten Burschen mit astreiner Vita und Teflonhaut für dieses Geschäft, einen Sympathicus mit Ausstrahlung, dem niemand so schnell wird am Zeug flicken können." Grunz, würde mein Zwölfjähriger da nur sagen. So einen suchen alle. Den gibt's vielleicht. Mir fällt aber auf Anhieb keiner ein.

Irgendwie nicht ganz von dieser Welt, dieser Ami, dachte ich. Der ist auf der Suche nach der Quadratur des Kreises. Aber es kam noch besser. „Wir haben Grund zu der Annahme", übernahm jetzt Kaspers, „dass wir den gesuchten Mann mit Ihrer Hilfe in Deutschland finden. Irving ist sich sogar ziemlich sicher. Er ist vor ein paar Jahren, bei einer öffentlichen Diskussion in der New York University, einem jungen Deutschen begegnet, der ihn unglaublich beeindruckt hat. Ein eigentlich schüchterner Bengel. Es ging um die Unterschiede im Presserecht zwischen den USA und Europa. Der Junge hatte ihn einerseits intellektuell hochgeschickt herausgefordert, andererseits aber so charmant und liebenswürdig, ohne Big Show, dass Irving völlig von den Socken war." Dann rufen Sie ihn doch einfach an und treffen ihn, schlug ich vor. Ich fand diese ganze Geschichte äußerst seltsam.

„Genau das ist das Problem", antwortete Kaspers. „Als die Veranstaltung zu Ende war und Irving vom Podium stieg, um den Jungen kennenzulernen, war er spurlos verschwunden. Und in den Teilnehmerlisten, die sich Cyrus besorgte, tauchte er gar nicht auf. Er hat alle infrage kommenden europäischen Studenten ausfindig machen und interviewen lassen. Der Bursche war nicht dabei. Nach ein paar Wochen hat Irving aufgegeben. Wenn unser Boss aufgibt, dann heißt das: Er hat alles versucht. Und jetzt hat sich Irving in den Kopf gesetzt, ihn ausfindig zu machen, koste es, was es wolle." Und er ist sich sicher, dass der Mann aus Deutschland kommt? „No doubt, kein Zweifel", nickte

McIntyre, „er habe in der Diskussion mehrfach Beispiele aus seinem Land, aus Germany zitiert, erinnert sich Cyrus."

Ich wandte mich an Kaspers und fragte ihn, ob denn die berühmte Datenbank nichts hergebe, die er in Düsseldorf bewachte wie der Drache den Schatz. „Nichts", raunzte Kaspers, „zu meinem größten Bedauern. Wir haben circa dreihundert infrage kommende Files untersucht. Negativ. Hat mir keine Freunde drüben gemacht. Nicht wahr, Bill?" McIntyres lächelte. „Ganz so schlimm ist es nicht, Peter. Nachdem Cyrus ja selbst an dieser Suche gescheitert ist, wird er dir nicht den Kopf abreißen. Ehrlicherweise haben wir auch nicht damit gerechnet, dass Sie uns aus dem Stand Namen und Adresse nennen werden. Aber angesichts Ihrer Branchenkenntnis, Ihrer Kontakte und Lehraufträge sind Sie unsere letzte Hoffnung. Nehmen Sie sich ein bisschen Zeit und denken Sie nach. Da wir wissen, dass in Ihrer Position Zeit das Kostbarste ist, dürfen Sie davon ausgehen, dass Cyrus sich nicht lumpen lassen wird." Sie boten mir 250000 Dollar nur fürs Nachdenken an, im Erfolgsfall das Dreifache.

Ich schlug ein. Was sollte ich auch anderes tun? Cyrus Irving zum Freund zu haben, ist viel wert. Vor allem, wenn man noch ein paar Jährchen in der Szene wirken möchte. Die drei WT's verabschiedeten sich. Und McIntyre sagte beim Gehen, sie würden noch schätzungsweise zwei Wochen in Deutschland bleiben und weitersuchen. Wir tauschten die Topsecret-Handynummern aus. Und ich meinte, während ich sie zum Lift brachte: Lasst es mich wissen, wenn ihr den Mann vor mir findet. Ich möchte ihn unbedingt kennenlernen. „Schätze, Sie werden sich zuerst melden", grinste Kaspers.

So fing das Ganze an. Ich fuhr nach Hause und erzählte Mary die Geschichte. Meine Frau kennt sich aus, schließlich war sie acht Jahre lang meine Assistentin. Während ich ihr über das Gespräch mit den drei WT's berichtete, schüttelte sie zunächst mehrfach den Kopf. Irgendwann sagte sie ein wenig spöttisch: „Höchst spannend." Und als ich geendet hatte, war ihr einziger Kommentar: „Na, das ist eine Herausforderung." Sie goss uns ein Glas Wein ein.

„Was meint Salomon?", fragte sie. Salomon? „Natürlich Salomon. Er war doch dabei, oder?" Nur am Anfang. „Du hast alleine mit den Amis geredet?" Sie hatten darum gebeten. Die Angelegenheit sei höchst vertraulich. Mary runzelte die rechte Augenbraue genau auf die Art, deretwegen ich mich in sie verliebt hatte. Schweigen. „Schade", seufzte sie, „sehr schade. Wenn ich dir etwas raten darf, dann weihe Salomon ein. Der kann dir helfen." Salomon.

Mary hatte recht. Ein Rätsel, warum ich nicht selbst darauf gekommen war. Sören Salomon war selbst erst ein paar Jahre von der Uni weg, und in den vergangenen beiden Jahren hatte er unsere Assessment-Center organisiert. Wenn einer die Szene kannte, dann meine rechte Hand. Und er hatte für diese AC ein vollkommen neues Realitätssimulationsverfahren für uns entwickelt. Nach den Managementskandalen in jüngster Zeit hatte er mich davon überzeugt, dass es wichtig war, neben den sachlichen Kompetenzen mehr Wert als bisher auf die charakterliche Eignung von Bewerbern zu legen, auf ihre ethischen Wertvorstellungen und auf soziales Engagement. Salomon verfügte genau über die richtige Schablone, das richtige Phantombild für die Fahndung nach dem gesuchten Typen. Und wenn der Kerl in einem unserer AC aufgetaucht war, dann hätte er ihn genauso erkannt wie Cyrus Irving. Gleich morgen würde ich ihn mit allem Wesentlichen briefen, beschloss ich. Und ich würde den guten Jungen angemessen an der Provision beteiligen.

Als ich in aller Frühe in mein Office kam, empfing mich Laetitia Bachmann, meine Sekretärin. „Ines Müller wartet drin", wies sie mit dem Kopf auf meine Tür, als sie meinen Mantel in den Schrank hängte. „Salomon hat sie gestern Nachmittag noch mal über alles ins Bild gesetzt." Das hatte ich völlig verdrängt. Salomon machte ab heute Urlaub. „Der hat sich ja ein Traumwetter zum Skifahren ausgesucht. Hat er ja auch verdient", gluckste die Bachmann gutmütig. Wie lange ist er eigentlich weg? „Na zwei Wochen, Chef. Hat er doch mit Ihnen besprochen. Oh, mein vergesslicher Herr und Meister!" Zwei Wochen!

„Die Ines schafft das schon. Sie werden keine allzu großen Entzugserscheinungen bekommen. Sie mögen einander doch. So, dass selbst ich ein bisschen eifersüchtig bin.“ Geschwätz! Rufen Sie Salomon an, fauchte ich die verdatterte Laetitia an. Sofort! „Sinnlos“, stotterte sie. Warum? „Sie selbst haben ihm letzte Woche geradezu abgenötigt, dass er sein Handy auf keinen Fall mitnimmt. Gestern Abend hat er es bei mir abgegeben, wie Sie es von ihm gefordert haben.“ Sie zog das Ding aus ihrer Schreibtischschublade. Oh Gott, ja! Mir fiel es wieder ein, während Laetitia wie ein Papagei weiterplapperte: „Sie haben gesagt“, und dabei imitierte sie meine Stimmlage, „junger Mann, in diesen zwei Wochen tun Sie nichts anderes, als sich zu erholen. Sie rufen hier nicht an und sind für niemanden aus dem Haus erreichbar. Seit Sie hier sind, haben Sie keinen Urlaub gemacht. Sie sind reif. Und Ihr Handy geben Sie bei der Bachmann ab!“ Ja, ja, ja, in Teufels Namen!

Suchen Sie ihn, finden Sie ihn, bellte ich der Bachmann zu. Wo ist er hingefahren? „Ich weiß nur, dass er nach Frankreich wollte. Chamonix oder so. Er hatte sich noch nicht festgelegt.“ Telefonieren Sie mit allen Skihotels in Frankreich! Schalten Sie die Polizei ein. „Um Gottes willen“, stöhnte Laetitia, „hat er was verbrochen? Ist was Schlimmes passiert?“ Zu blöd, dieses Weib! Sie begann zu weinen. „Haben Sie es rausgekriegt? Das ist ja schrecklich!“ Was rausgekriegt? Ich fasste sie hart am Arm. Sie quiekte wie ein Ferkel. „Nichts“, jammerte sie, „gar nichts.“ Laetitia arbeitet seit zwanzig Jahren für mich. Lügen Sie mich nicht an, fauchte ich, was ist los?! Die ganze Wahrheit. Sofort! „Nein. Das können Sie nicht verlangen“, entwandt sie sich meinem Griff, „ich kann Ihnen nur raten, rufen Sie Ihre Frau an, wenn Sie etwas wissen wollen.“ Mary? Salomon? Mary und Salomon? Salomon und Mary?

Ich möchte das nicht alles erzählen. Ich glaube Mary. Sie waren wirklich wie ältere Schwester und jüngerer Bruder. Sie wusste nicht, dass er schon an diesem Tag zum Skilaufen gefahren war, mitten in der Woche. Aber sie besaß seine private Handynummer. Ich wusste sie nicht.

Mary erreichte Salomon in Lurzach. Acht Stunden später saßen wir uns gegenüber. Als ich ihm das Gespräch mit den WT-Leuten schilderte, hörte er aufmerksam zu. Dann lächelte er. „Ich hätte mein Diensthandy doch mitnehmen sollen, Chef", sagte er. „Ich glaube, ich kann McIntyre helfen. Lassen Sie mir drei Tage Zeit." Ich versuchte, ihn zum Reden zu bringen. Er widerstand. „Lassen Sie mir drei Tage, Chef. Ich fahr' jetzt wieder nach Lurzach. Dort wartet jemand auf mich. Ich melde mich Montag."

Am Sonntag ereignete sich bekanntlich dieses schreckliche Seilbahnunglück am Hochkofel bei Lurzach. Mary versuchte, Salomon zu erreichen. Niemand ging ans Telefon. Wir riefen seine Mutter in Süddeutschland an. Auch die war in Angst und Sorge. Immerhin hatte ihnen die Gendarmerie mitgeteilt, nach jetzigem Stand sei Sören nicht unter den Toten und wahrscheinlich auch nicht unter den Verletzten. Wir boten Frau Salomon an, alle Hotels abzutelefonieren.

Beim zehnten oder elften Anruf die erleichternde Nachricht. Im Adler, einem kleinen Gasthof, war die Wirtin selbst am Apparat: „Der Herr Salomon und sein Begleiter sind schon gestern früh abgereist, vor dem Unglück." Mary umarmte mich.

In der Tagesschau lief Lurzach minutenlang. Die Sprecherin kündigte einen Brennpunkt an. Nach einer kleinen Pause sagte sie: „Und nun noch eine Meldung aus der Wirtschaft: Chef der Coleman AG wird völlig überraschend der junge deutsche Manager Sören Salomon. Coleman ist die mächtigste Mediengruppe der USA und steht vor einem riesigen Engagement in China, wie man in der Branche munkelt. Der 33-jährige Salomon arbeitete bisher als engster Mitarbeiter für Axel Rohde, den Chef der Felix Media in Köln. Und für Leute, die an Wunder glauben, ist vielleicht Folgendes nicht ganz uninteressant: Bevor Salomon heute Vormittag in einem Hotel am Frankfurter Flughafen seinen Vertrag unterschrieb, hatte er Skiurlaub gemacht. In Lurzach. Das Wetter."

Eine Stunde später rief McIntyre an und entschuldigte sich. Dann gab er das Telefon an Salomon weiter. Ich weiß nicht mehr, was er gesagt hat, ich habe ihm nicht zugehört. Ich bin nachts noch in mein Office gefahren und habe mir Salomons Personalakte rausgesucht. 1998 Studienaufenthalt an der New York University. Die dreiviertel Million war letzte Woche auf meinem Konto. Und heute habe ich einen handgeschriebenen Brief von Cyrus bekommen.

Von dem Geld, meint Mary, sollten wir uns das Gemälde „Kindermord in Bethlehem" kaufen. Von Gandorfer, einem Maler aus der Barockzeit. Nicht ganz so bekannt wie Rubens. Es wird jedenfalls etwas übrig bleiben. Gandorfer stammt übrigens aus Mittling. Das liegt vielleicht zehn Kilometer entfernt von Lurzach.

16

GRAND CRU ODER WAS VOM WÜHLTISCH?

Oda war richtig zufrieden. „Da, schau mal, Phil. 50 Stück für 5 Euro. Sind die nicht schön?“ Sie hielt ihm einen Stoß farbiger Papiertütchen vor die Nase. „Schön“, brummte Phil. „Da kommt jetzt der Tee rein, den ich vergangene Woche gekauft habe.“ Oda wuchtete den riesigen Teesack vom Schrank: „Zwei Kilo für 21,95. Das ist unschlagbar.“ Odas Miene meldete Triumph von Ohr zu Ohr. So müssen die spanischen Eroberer ausgesehen haben, nachdem sie bei den Indios Gold gegen Glasperlen getauscht hatten. „Den fülle ich jetzt in die Tütchen. Schau, jedes hat eine andere Farbe. 50 Gramm gehen da rein, macht 40 Päckchen, das Stück für 60 Cent. Im Laden kostet so eine Tee-Geschenkpackung gut und gerne das Fünffache.“

So war Oda. Und Phil konnte diesen Zug an ihr nicht besonders gut leiden. Als sie sich vor zehn Jahren kennengelernt hatten, fand er ihre Schnäppchenjägerei ja noch ganz lustig. Jeder Mensch hat irgendeine Macke. Und ihre war eben der ständige Versuch, alles noch billiger zu bekommen. Dass sie auch beim Kauf von Geschenken so vorging, entsprach der Logik. Ihre Manie jedoch, preiswert Erworbenes umzupacken, umzufüllen oder anders zu drapieren, bis es teureren Originalprodukten zum Verwechseln ähnlich sah, befremdete ihn.

„Du betreibst Etikettenschwindel“, hatte er ihr irgendwann einmal gesagt. Das fand sie gemein. „Du hast doch keine Ahnung!“, zeterte Oda. „Wenn man wie du aus einer Verschwenderfamilie kommt, fehlt einem jegliches Gespür fürs richtige Schenken.“ Als er das beim Bier nach dem Volleyball Jürgen erzählte, konnte der gar nicht aufhören zu lachen. „Ihr seid wirklich ein merkwürdiges Paar, richtig multikulti." Er hatte recht.

Phil schenkte wenig und selten, vergaß häufig Geburtstags- und Weihnachtsgrüße. Wenn es ihm aber spontan einfiel, dann guckte er nicht auf den Cent. Dem Hausmeister der Schule hatte er neulich eine Flasche St. Emilion Grand Cru geschenkt. Er hatte das Dienstjubiläum des Mannes völlig verschwitzt. Also raste er in der großen Pause zu Feinkost Lederer, griff die nächste Buddel aus dem Weinregal, zahlte fast zwanzig Euro, raste zurück und überreichte sie. Oda hatte es nicht mitbekommen, weil ihr Stundenplan an diesem Tag schon nach der dritten Stunde zu Ende war. Sie hätte ihn für verrückt erklärt, deswegen hatte er es ihr auch nicht gebeichtet. Sie hatte natürlich was für den Jubilar besorgt. Ein Buch über die letzte Fußball-WM, vom Wühltisch, „hat noch zwei Euro gekostet".

Oda vergaß nie, jemanden mit einer kleinen Aufmerksamkeit zu bedenken; aber es waren wirklich nur kleine, kleinste Geschenke. „Die Geste zählt", wies sie Kritik zurück.

Jetzt tütete sie in der Küche den Tee ein. Phil konnte sie durch die halb geöffnete Tür beobachten. Jeder und jede im Lehrerkollegium würde zum Nikolaustag sein Päckchen bekommen, mit einem handgeschrieben Kärtchen. Mit welchem Eifer sie zu Werke ging. Das Tütchen weiten, auf die Waage stellen, mit dem Schäufelchen den Tee hinein, verschließen, Schleifchen dran, Odas Wangen – gerötet wie bei einem Kind. Ihr Back-, Koch- und Packgesicht – Phil liebte es vom ersten Tag an. „Und es ist eben nicht umsonst zu haben", ging es ihm durch den Kopf, „wer es sehen will, muss die Schnäppchenmanie ertragen." Oda registrierte, dass er sie beobachtete. „Ich stecke für jeden noch eine Schokolade dazu, damit es ein bisschen was hermacht. Dann musst du dich auch nicht genieren, mir morgen früh beim Verteilen in die Fächer zu helfen." Dafür bekam sie eine Batterie Küsse gratis.

17

ICH HATTE NICHTS GETRUNKEN. ICH SCHWÖRE!

Wollt ihr wirklich meine alten Geschichten hören? Über Rom habe ich euch doch schon alles erzählt. Über meine Zeit in Judäa soll ich sprechen? Gut, ihr Fremden, so hört zu. Die Leute aus meiner Sippe bitte ich um Nachsicht. Die können meine paar Abenteuer dort auswendig.

Wir sprachen griechisch mit den Judäern. Wenn man das griechisch nennen konnte. Meine germanische Zunge tat sich schwer damit. Aber ich konnte grüßen, Brot besorgen und über das Wetter reden. Das genügte. Die Leute in Judäa wollten mit uns nicht so viel reden. Und wir mit ihnen auch nicht.

Als unsere Reiterei, die zur X. Legion gehörte, den Befehl zum Einschiffen nach Syrien bekam, war ich nicht besonders erfreut. Während wir in Brundisium auf unsere Schiffe warteten, erzählten uns ein paar Veteranen wahre Schauergeschichten aus der Provinz Syria. Und über ihre Bewohner. „Geht nicht allein in ihre Tavernen", warnte uns der zahnlose Emilius, der acht Jahre in Jerusalem und Kapernaum gedient hatte. „Wer als römischer Legionär in ein solches Gasthaus geht, lebt gefährlich. Allein aus unserer Zenturie sind dort mindestens fünf Mann spurlos verschwunden. Und jedes Mal veranstalteten wir große Suchaktionen, durchkämmten Häuser und Gärten, untersuchten Zisternen und Höhlen. Mit einem Erfolg: Die Einwohner liebten uns noch weniger als vorher. Die Männer fanden wir nicht. Keinen von ihnen."

Nun bin ich ja kein Römer, sondern ich stamme aus der Gegend von Moguntiacum, zwei Tagesritte von hier. Aber nach zwölf Jahren in der Legion und viele Nächte von der Heimat entfernt wurde ich von den Menschen in der Provinz als Römer angesehen. So, wie die Afrikaner und Syrer hier bei uns auch als Römer gelten, weil sie eben in der Armee dienen und für dem Imperator kämpfen.

Als ich ankam, hatte sich dieser Herodes in Jerusalem schon richtig breitgemacht. Der Statthalter ließ ihn gewähren. Sollte er sich doch mit den Judäern rumschlagen. Dieser sogenannte König war ein wenig lästig, aber durchaus nützlich. Man musste nur aufpassen, dass er nicht zu mächtig wurde. Und dafür sorgten wir. „Zu seinem Schutz", wie es hieß, hockten wir in Jerusalem. Zwei Kohorten germanische Reiter, balearische Schleuderer und eine Kohorte Fußtruppen. Aber jeder wusste, dass wir auch dort waren, um ihn zu kontrollieren und in Schach zu halten.

Natürlich hatten wir ein paar Bäder, ein Theater und eine Rennbahn. Wenn man ausging, ging man dorthin. Ansonsten würfelte man in seiner Freizeit mit den Kameraden, pflegte sein Pferd, putzte die Ausrüstung und hielt die Waffen in Ordnung. Gesoffen haben wir auch. Nicht so viel, wie heute erzählt wird. „Einen kleinen Rausch alle zehn Tage", sagte der Legat, „keinen Vollrausch, sonst gibt es Ärger." Wir Nordländer blieben, wenn es ging, unter uns. Nur die Götter wissen, wie uns das Bier und der Met fehlten. Sich mit Wein zu besaufen, überließen wir den italischen Kollegen und den Griechen. Die können erstaunlich gut mit dem sauren Traubensaft umgehen.

Es war ziemlich langweilig, kann man sagen. Man freute sich schon, wenn man mal ausgiebig Patrouille reiten durfte. Vier, fünf Tage streifte man in der Umgebung von Jerusalem umher und tat wichtig. Mal hielt man einen Transport auf der Via Maris an und ließ die Händler ihre gesamte Ladung von den Lasttieren laden. Gefunden haben wir selten etwas. Was die Burschen heimlich zum Beispiel von Ägypten nach Damaskus schaffen wollten, das haben sie so versteckt, dass wir nicht drankamen. Oder wir kontrollierten die Gebetshäuser der Juden, die übrigens nur einen einzigen Gott haben. In diesen sogenannten Synagogen – ein griechisches Wort übrigens – rotteten sich angeblich die zusammen, die weder die Herrschaft des Herodes akzeptierten noch die Roms. Was sie da tatsächlich trieben, verstanden wir sowieso nicht. Sie reden aramäisch, die Leute dort. Griechisch können zwar fast alle, aber Beten geht nur auf Aramäisch oder Hebräisch, was beides ganz ähnlich klingt.

Mit diesem einen Gott sind sie zufrieden. Ich finde das ein wenig armselig. Wir Germanen, die Griechen, die Kelten und selbst die Römer haben da doch besseren Schutz. Ein Gott für alles! Für Feuer, für Krieg, für die Liebe – selbst wenn er stark ist, erscheint mir das zu viel für einen.

Ein seltsames Erlebnis muss ich euch doch noch erzählen. Ich hatte es in meinem fünften oder sechsten Jahr dort unten. Wieder mal waren wir auf Patrouille unterwegs. Zehn Mann. Als Dienstältester durfte ich den Anführer machen. Spät im Jahr war es und für judäische Verhältnisse ziemlich kalt. Es regnete. Wir ritten durch ein Kaff. Den Namen weiß ich nicht mehr genau: Betelium, Betala oder so ähnlich. Nichts Aufregendes. Ein paar Hütten und Wohnhöhlen, eine Zisterne, Ziegen, Schafe.

Wir hatten gerade die Zelte abgebaut, also war es eine Stunde vor Sonnenaufgang, da sahen wir, dass die ganzen Bewohner unterwegs waren zu einer dieser Höhlen am Hang. Voraus rannten die Kinder, dann kamen die Männer in ihren Fellen, die Frauen, am Ende schlurften die Alten und Krüppel. Alle furchtbar schmutzig. Wenn es in Judäa richtig regnet, ist das ganze Land ein einziger glitschiger Morast.

Wir befürchteten einen kleinen Aufstand oder irgendetwas anderes von der unangenehmen Sorte. „Das schauen wir uns an", sagte ich zu meinen Männern. Wir also hinterher.

Wir hielten ein bisschen Abstand zu den Judäern. Waren zwar gut bewaffnet, aber nur ein kleiner Haufen. Die ziehen dich vom Pferd, hauen und würgen dich, so schnell kannst du dein Kurzschwert gar nicht schwingen. Also dreißig, vierzig Schritte Abstand. So haben wir es gelernt: Da sein, nicht provozieren.

„Die sind nicht wütend", stellte der junge Berwald fest, der neben mir ritt, „die lachen alle. Die sind gut drauf." Er hatte recht. Also näherten wir uns vorsichtig der Menge. Wir wollten wissen, was der Grund für die allgemeine Heiterkeit war. Einer der Alten am Ende des Zuges strahlte uns förmlich an, was komisch aussah, da er keinen einzigen Zahn im Mund hatte. Er fuchtelte wild in Richtung Höhle. Ich sprach ihn griechisch an: „Was ist los, Mann?" Obwohl er wie gesagt völlig zahnlos war, verstand ich ihn ganz gut. „Kind", lallte er, „Kind neu. Nacht. Kind neu!"

Kind neu? Die bekamen dort ihre Kinder wie wir. Ständig wurden Kinder geboren. Das interessierte eigentlich nur die Frauen aus der Nachbarschaft, wenn ein Kind auf die Welt kam. Wie bei uns. Hatte ich ihn doch nicht richtig verstanden? Wir bahnten uns einen Weg zwischen den Menschen. Zu unserer Überraschung begrüßten sie uns wie alte Freunde und machten bereitwillig Platz. Das ist nicht immer so, wenn wir wo auftauchen.

Und dann waren wir da. Eine Höhle, keine besonders geräumige, die wohl normalerweise als Stall benutzt wurde. In einem Futtertrog lag ein Neugeborenes. Ich bin zwar nicht der große Experte, aber das erkannte sogar ich: Es musste in dieser Nacht erst zur Welt gekommen sein.

Daneben lag auf einer Strohschütte die Mutter. Ein ziemlich junges Ding, eine Hübsche. Sie schlief. Der Vater, ein kräftiger Kerl Mitte zwanzig, kochte auf dem Feuer ein Mus.

Ich stieg ab. Und – Freunde, was soll ich sagen – auch in mir kam eine seltsame Heiterkeit auf. Ich bin kein gefühlsduseliger Mensch, dafür habe ich zu viel gesehen. Aber ich ging hin zu dem Kind.

Schon hatte ich die Hand ausgestreckt, um es zu streicheln, als mir einfiel, dass das vielleicht nicht so gut ankommen würde, wenn ein Soldat der Besatzungsmacht ein Neugeborenes anfassen will. Aber was macht der Vater? Er nimmt meine Hand und legt sie auf den Kopf von dem Kleinen. In mir sang es, mein Herz schlug schneller und ich fühlte mich wie als kleiner Junge im Sonnenschein am Ufer des Flusses bei Moguntiacum. Alles war schön, alles war heiter, alles war gut. Und ich hatte am Abend vorher wirklich keinen Tropfen getrunken. Ich schwöre.

Der Vater gab uns das Zeichen, Platz zu nehmen. Alle meine Leute ließen sich nieder und ich auch. Ich weiß nicht, wie lange wir saßen. Die Judäer klopften uns auf die Schultern und wir ihnen. Viel gesprochen haben wir nicht. Nur dieses Kind angeschaut, das die meiste Zeit schlief. Es sah nicht anders aus als andere Säuglinge. Ganz normal. Nicht krank oder so. Aber es kam mir vor, als sei es etwas Besonderes.

Natürlich mussten wir weiter. Es fiel mir schwer, aufzustehen und mich von diesem Kind zu entfernen. Aber Pflicht ist Pflicht. Wenn wir am Abend nicht zurück in Jerusalem wären, das war so sicher, wie Odin in Walhall herrscht, würden wir gewaltigen Zoff bekommen. Ich wollte dem Kind unbedingt etwas schenken. Aber was? Ich nahm mein Amulett vom Hals, Thors Hammer, den mir mein Vater geschenkt hatte, als ich mit sechzehn Krieger wurde. Den gab ich dem Vater und deutete auf das Kind. Er verbeugte sich vor mir. Und die Mutter, die fast die ganze Zeit schlafend neben ihrem Kind gelegen hatte, wachte auf und lächelte mich an. So bin ich weder vorher noch nachher angelächelt worden. Und ich habe viele nette Mädchen gekannt.

Auch Berwald schenkte dem Kleinen etwas, eine kleine Weidenflöte, die er selbst geschnitzt hatte. Dann ritten wir zurück.

Keiner redete auf dem ganzen Ritt bis nach Jerusalem. Berwald sagte nur beim Absatteln: „Das ist ein ganz besonderes Kind.“ Dann hatte uns der Alltag in Jerusalem wieder.

Ich bin jetzt schon zwanzig Winter wieder in Germanien. Das Kind muss, wenn es nicht gestorben ist, jetzt ein junger Mann sein. Ich denke manchmal an dieses Erlebnis. Dann bete ich zu Thor und zu Odin, sie mögen den Jungen beschützen.

Tja, eigentlich ist es keine besondere Geschichte, die ich euch da erzählt habe. Kein Drache kommt vor, kein Fenriswolf, keine übermächtigen Feinde, die wir aufs Haupt geschlagen haben. Ein Kind wurde geboren am anderen Ende der Welt. Langweilig. Aber manchmal, wenn ich mit meinen schmerzenden alten Knochen auf meinem Lager liege und nicht schlafen kann, denke ich an das Kind. Und dann kommt ein Fitzelchen von dem angenehmen Gefühl in mir auf, das ich in der Stallhöhle gespürt hatte. Und es tut mir gut. Die Schmerzen lassen nach. Ich kann schlafen. Odin sei Dank.

Neulich in Moguntiacum hörte ich zwei jüngere Soldaten über Jerusalem reden. Ich sprach sie an. Wie sich herausstellte, waren sie bis letzten Sommer dort stationiert. Es ist ziemlich unruhig in Judäa. Obwohl es blöd ist, fragte ich sie, ob sie das Dorf Betelium oder Betala kennen würden. Sie kannten es nicht. Sie wollten wissen, ob sie etwas verpasst hätten, wenn sie nicht da gewesen wären. Ich schüttelte den Kopf. Sie hätten meine Geschichte noch weniger verstanden als ihr. Ist ja auch Unsinn, was interessiert in Germanien ein judäisches Kind? Hier redet noch immer alles über Arminius den Cherusker und wie er den Varus vor zehn Wintern in den Wäldern oben im Norden verprügelt hat. Darüber werden noch unsere Kindeskinder reden. Die Geschichte von dem Kleinen in Judäa wird mit mir ins Grab gehen oder spätestens mit Berwald.

Kommt, es ist spät, gebt mir noch ein letztes Horn Bier. Und nun lasst hören, wohin ihr morgen zieht.

18

DER LAMETTA-KRIEG

Mein Vater hasste Lametta. Es erinnerte ihn an den Krieg, als die Alliierten Aluminiumstreifen im Vorfeld der Bombenangriffe vom Himmel warfen, um die deutsche Fliegerabwehr zu irritieren. Seltsamerweise war er gegen Christbäume nicht allergisch, obwohl man so im Bunkerjargon der Bombennächte die Leuchtraketen bezeichnet hatte, die nachts strategische Ziele für die alliierten Verbände markierten.

Unser Baum war nackt, war grün. Das Lametta-Verdikt blieb jedoch der einzige ästhetische Beitrag, den mein Vater zum Baumschmuck leistete. Meine Mutter mit ihrer Vorliebe für alpin Bäuerliches gab die designerische Richtung vor. Grelle, riesige Farbkugeln waren ihr ein Gräuel, also hingen nur kleine silbern schimmernde an den Zweigen. Am liebsten aber hängte sie farbfreie Glaskugeln an den Baum, Strohsterne und wächserne Figuren, Bienenwachskerzen, winziges hölzernes Spielzeug – edel und schlicht sollte sie wirken, die Dekoration des Immergrünen in unserem Wohnzimmer.

Ganz anders sahen die geschmückten Bäume bei Oma und Opa aus. In manchen Jahren, so kommt es mir aus der großen zeitlichen Entfernung vor, verschwand das Tannengrün vollends unter pfundweise darübergeworfenem Lametta. Ich mochte das sehr. Mir kam es vor, als seien die Bäume in den heimeligen Stuben meiner Großeltern von einer himmlischen Schneelast bedeckt. Auch die Kugeln entsprachen meiner kindlichen Freude an schriller Pracht weit mehr als der Geschmack meiner Mutter. Prall und rot und grün und golden und blau und silbern vervielfachten sie den Schein der Kerzen. Manche unter ihnen waren groß wie Kinderköpfe, und die unsrigen spiegelten sich in ihnen. Unsere Gesichter erschienen auf ihnen breitenverzerrt wie im Spiegelkabinett auf dem Jahrmarkt. Ich weiß, dass ich während der Weihnachtsbesuche bei den Großeltern viele Minuten, ja gefühlte Stunden damit zubrachte, mich von einer Kugel zur anderen zu bewegen und auf ihrer bauchigen Fläche zu betrachten.

Wenn wir dann zu fünft in Papas VW-Käfer nach Hause tuckerten, hörte ich die Stimme meiner Mutter aus der Dunkelheit in einem überheblichen Ton über den kleinbürgerlichen Geschmack der Alten räsonieren. Wie spießig, so schmücke doch kein ästhetisch sensibler Mensch, grell und groß und viel zu viel. Mein Vater, ich fand es feige, verteidigte weder seine Eltern noch die seiner Frau. Er beteiligte sich aber auch nicht an der Kritik.

Papas Thema war einzig und allein das Lametta. Er begann von den Kriegsnächten in Mannheim zu erzählen. Er und seine Kumpels waren nicht in die Bunker geflüchtet. Zu neugierig waren sie auf das grausige Spektakel am Himmel, dessen Vorspiel besagter Lametta-Abwurf bildete.

Diese Kriegsgeschichten verwirrten mich. Denn Lametta erwähnte Papa manchmal auch in einem ganz anderen Zusammenhang. Zum Beispiel wenn er von den „Goldfasanen“ erzählte. Wie ich heute weiß, war das ein Spottname für die NS-Prominenz, die ihre fasanbraunen Uniformen mit Orden und goldenen Parteiabzeichen schmückte. Die „Lamettaträger“ hingegen waren mit Orden reich behängte Etappenkrieger wie der Reichsmarschall Hermann Göring.

Weihnachten und Krieg – diese Verbindung stellte mein Vater oft her. Man hatte nichts, schmückte und schenkte dennoch. Selbst ausgeschnittene und gemalte Bildchen ersetzten den teuren Schmuck an der Tanne. Und was lag darunter? „Ein Glas Marmelade von der Patentante war das Höchste.“ Nach dem Ende der NS-Herrschaft wurden Naziutensilien zu Weihnachtsgeschenken verarbeitet. „Meine Schwester bekam einen roten Rock. Den hatte meine Tante aus einer Parteifahne geschneidert.“ Schwerter zu Pflugscharen.

Kostbares wie Kaffee und Cognac tauschte man schwarz mit den Besatzungssoldaten. Als besonders weltfremd galt der übrigen Familie ein Vetter meines Vaters. Der studierte „die brotlose Kunst“ – Philosophie. „Der hat allen Ernstes ein Paar fast neue Schuhe, die ihm seine Mutter zu Weihnachten auf dem Schwarzmarkt besorgt hatte, gegen ein Buch von Jean-Paul Sartre getauscht.“ Diesen Cousin, Onkel Heribert, lernte ich später als großzügigen Schenker kennen. Der Tausch hatte ihm nicht geschadet. Im Gegenteil. Seine Beschäftigung mit der Philosophie brachte ihm zwanzig Jahre später einen ordentlichen Lehrstuhl an einer renommierten deutschen Universität ein. Und mir spendierte er mein erstes Paar Fußballschuhe. Immerzu Schuhe, wenn es um Onkel Heribert geht.

Der Hochmut meiner Mutter wurde übrigens bestraft. Als Teenager übernahmen wir die Schmuckregie. Wir hängten Polaroids aller Familienmitglieder an den Weihnachtsbaum – keine schnieken Porträts, sondern schräge Schnappschüsse: gähnender Onkel, vom Weingenuss gerötete Tantengesichter, Mutter beim Erdbeerpflücken von hinten. Wir installierten bunt blinkende Elektrokerzen, wie sie die Amis in ihren süddeutschen Quartieren vor Weihnachten in ihren Fenstern leuchten ließen. Mutter nahm übel. Wir hätten ihr die Weihnachtsfreude verdorben, grollte sie. Dann erinnerte ich sie an Omas Baum. „Aber meiner war schöner“, schmollte sie. Ja, stimmt. Er war perfekt.

Mutters Konter kam Jahre später und er saß. Jedes Weihnachtspaket an unseren Sohn, ihren heiß geliebten Enkel, enthielt Teile ihres liebsten Christbaumschmucks, inzwischen obendrein mit Tradition patiniert. Und natürlich dekorieren wir unsere Weihnachtstanne mit Omas angejahrten Preziosen. Der Enkel besteht drauf. Was soll man auch machen? Die Kinder reden mit. So viel immerhin hat sich geändert.

19

NÜCHTERN, LOGISCH, BERECHENBAR

Er hatte es angegeben! Ganz wahrheitsgetreu. Susanne wusste es von Anfang an. Und all die anderen Frauen, die seine Präsentation bei Hearts & Minds angeklickt hatten, hätten sich auch nicht beschweren können. Da stand: Paul, 46 Jahre alt, kinderlos, Atheist. Er hätte es sich ganz einfach machen und den entsprechenden Menüpunkt schlicht überspringen können, so, wie es viele in den elektronischen Flirt- und Kontaktbörsen tun. „Keine Angabe" wäre dann in der Zeile „Religion" aufgetaucht. Doch das hätte einfach nicht Pauls Charakter wiedergegeben.

„Mitleidlos ehrlich" hatte ihn seine Exfrau beim Scheidungstermin genannt. Elfi hatte das keineswegs positiv gemeint. Paul hatte es als Anerkennung empfunden. Jawoll. Mitleidlos ehrlich – das hieß für Paul: auch ohne Selbstmitleid. Ein Mathematiker, der sich und andere im Unklaren ließ, das konnte gar keiner sein. Wenn schon die Grundannahmen nicht stimmten, dann konnte es nur unrichtige Ergebnisse geben. Dieser ganze Schmus, dieses ganze Getue, diese allgemeine Verlogenheit in den Medien wie in den persönlichsten Begegnungen, die führten zu einer Gesellschaft, wie sie Paul vorfand, wenn er ausnahmsweise mal in eine Zeitung schaute oder den Fernseher einschaltete. Schon an der Uni – nein, schon in der Schule, nein, schon in seiner Familie war ihm das so was von auf den Geist gegangen.

Dieses ganze Gesülze und Gejammer, die Lobhudelei und das Schultergeklopfe – furchtbar, entsetzlich! Spätestens als Fünfjähriger hatte Paul gewusst, er wollte anders leben. Ehrlich, geradlinig, sauber.

Gerade jetzt wieder, im Advent, war es einfach grauenhaft, was die Leute einander vormachten. Diese Lieder! Glocken mit heiligem

Klang klingen die Erde entlang – Schwachsinn! Man musste doch nur Nachrichten sehen.

Und dieses Weihnachten, eine Riesenshow – in den Herzen wird's warm. Blanker Unsinn. Wie war es denn gewesen, bei ihm zu Hause? Mutter buk diese ganzen Plätzchen und Stollen und Linzer Torten. Der reine Stress. Sie war nur gereizt. Den ganzen Advent. Jeden Heiligen Abend wurde im Hause Sulzbacher bis zuletzt geputzt, aufgeräumt und gestritten. Der Weihnachtsbaum, den Vater in letzter Minute anschleppte, gefiel Mutter nie. Dann war der Alte sauer und schrie aus nichtigem Anlass die Kinder an. Birgit und Theo schien das offenbar nichts ausgemacht zu haben. Die machten heute in ihren Familien das gleiche Programm wie damals.

Theo! Wenn er nur an seinen älteren Bruder dachte, diesen Schauspieler und Angeber, das Kotzen kam ihm über Jahre hinweg hoch. Heute, Gott oder wem auch immer sei Dank, empfand er für diesen Typen nur noch kalte Verachtung.

Wenn die Kerzen angezündet waren und das kleine Glöckchen zur Bescherung klingelte, setzten die Sulzbachers ihr Weihnachtsgesicht auf. Plötzlich sollte in dieser Mimikry der ganze Ärger, die ganze Hektik vergessen sein. Vater griff zur Geige und spielte Weihnachtslieder. Mutter sang volltönend wie eine Operndiva, Birgit hell und falsch. Dann nahm Theo die Familienbibel und las die Weihnachtsgeschichte. Gekonnt, das immerhin musste man ihm lassen, sicher im Text, mit diesem seltsamen weihevollen Unterton, den er immer noch draufhat. Als Kleinstadtbürgermeister kommt ihm dieser Sound sicher zugute. Bei Mutters 75. entzückte er mit diesem getragenen Grundton die alten Leute so, dass ihn die greisen Freundinnen von Mama mit Tränen in den Augen umarmten und ihm die eisgrauen Kerle anerkennend zuprosteten. „Dein Bruder kann's, Paul“, raunte ihm der alte Forstrat Meier zu, „auf den kannst du stolz sein.“ Stolz! Auf dieses verlogene Aas!

Paul sah auf die Uhr. Halb neun. Irgendwann musste Susanne jetzt von ihrer Einkaufstour nach Hause kommen. Er überlegte kurz, ob er sich aus dem Staub machen sollte. Sie würde sicher sofort wieder mit sanfter Stimme anfangen, ihn in eine Diskussion über die Gestaltung der Feiertage zu verwickeln. Ob man nicht doch… Nein, ohne ihn. Wenigstens festlich essen gehen… Sie wusste doch, er hatte zu tun! Oder ins Konzert? Oder sich mit den McPhearsons treffen? „Die sind doch Briten. Bei denen ist Christmas einfach Party. Und sie haben uns eingeladen, obwohl sie wissen, dass du dir aus Weihnachten nichts machst!"

Susi verstand einfach nicht, wollte nicht verstehen, dass er konsequent bleiben wollte. „Weihnachten", hatte er ihr gestern gesagt, ist ein Fest für Religiöse, „also existiert es für mich nicht. Ich werde die Zeit nutzen und Fachliteratur lesen. Oder ich werde mich an meinen PC setzen und das liegengebliebene Zeug der anderen aufarbeiten, die seit Wochen wegen dieses Fests nicht mehr zurechnungsfähig sind und alles verschludern. Wir wollen diesen Auftrag aus Zürich. Und da gibt es noch eine Menge zu programmieren. Wir haben mindestens zwei Wochen Rückstand, schätze ich."

Irgendwie hatte er sich in Susanne getäuscht, was ihn ärgerte. Oder sie hatte ihm, als sie vorschlug zusammenzuziehen, die Wahrheit nicht gesagt, was ihn entsetzte. Bevor er ihr damals im März die erste E-Mail geschrieben hatte, hatte er sich ihr Profil bei Hearts & Minds genauestens angesehen. In keiner ihrer Angaben war zu erkennen gewesen, dass sie sentimental war. Da gab es eine Zeile: Sind Sie romantisch? Sie hatte eingetragen: Nicht besonders. Zugegeben, das war nach den Maßstäben der binären Logik unscharf. Aber bei Religion hatte sie geschrieben: keine. Eindeutig! Hätte er bei ihrer Berufsangabe stutzen sollen? Chemikerin. Chemiker, davon war er inzwischen überzeugt, hatten von allen Naturwissenschaftlern, die er kannte, die stärkste Neigung zu irrationalen Ausfällen. Noch schlimmer als Astro- oder gar Quantenphysiker. Die waren ihm schon suspekt. Zumindest jene, die behaupteten, Urknall- und Evolutionstheorie ließen sich mit der Genesis in der Bibel in Übereinstimmung bringen. Idiotisch.

Paul hatte extra ein Entscheidungsdiagramm angelegt, bevor er den Kandidatinnen aus der Kontaktbörse geantwortet hatte. Und da war Susanne mit 19,3 von 20 möglichen Punkten eindeutig vorne gelegen. Jennifer, die Neurobiologin, wäre vielleicht besser gewesen. Er hatte ihre Angabe, sie lese Romane, möglicherweise mit einem zu strengen Punktabzug bestraft. Immerhin hatten sie sich ja getroffen und auch miteinander geschlafen. Der Sex war übrigens gut. Als sie aber auf dieses seltsame Hobby zu sprechen gekommen waren, hatte sie ihm von einem gewissen John Updike vorgeschwärmt und einem Buch namens „Gottesprogramm" oder so ähnlich. Ob er das nicht mal lesen wolle? „Nee", hatte er geantwortet, „was interessieren mich die Probleme anderer Leute und dann auch noch erfundene? Ich lese nur Fachliteratur." Da hatte Jennifer nur wehmütig gelächelt. Er wusste: Das war's. Eigentlich blöd, dachte er sich jetzt. Lesen war eine stille und nach innen gerichtete Beschäftigung. Das störte eigentlich nicht. Man hätte nur vereinbaren müssen, dass sie ihn mit ihren „Lesefrüchten", wie sie es nannte, in Ruhe ließe. Aber was soll's, stoppte er seine Überlegungen, vorbei ist vorbei.

Susanne jedenfalls hatte ganz anders auf ihn gewirkt. Vernünftig, illusionslos, mit beiden Beinen in der realen Welt stehend. Sie hatte über ihren Ex erzählt, einen Sänger. Ein schräger Typ. Paul hatte ihn vor ein paar Wochen in der Stadt kennengelernt. Na, zumindest hatte Susanne sie einander vorgestellt, als sie in der Fußgängerzone zufällig fast übereinander gestolpert waren. Sah genauso aus, wie er ihn sich vorgestellt hatte. So hochstehende Locken. Sicher toupiert, war es ihm in den Kopf geschossen.

Dieser Musiker also, Susannes Ex – Rainer hieß er – hatte sofort losschwadroniert, dass er „so im Stress" sei, weil er acht Aufführungen des Weihnachtsoratoriums bis zum Fest absolvieren werde. „Kenn' ich nicht", hatte Paul nur gemeint, mitleidlos ehrlich eben. Das heißt: genau genommen, nicht ganz ehrlich, wie er wenigstens gegenüber sich selbst zugeben musste. Zu Hause hatten sie das sicher auch auf Platte gehabt, erinnerte er sich dunkel.

„Rainer war schrecklich", hatte Susanne bei ihrem ersten Date erzählt. „Er hat eine tolle Bassstimme. Drei Wochen vor einer Premiere hörte er auf zu reden. Er flüsterte nur noch. Und er ertrug es nicht, wenn ich das Fenster aufmachte. Ständig war er in Sorge um seine Stimme. Das ist mein kostbares Instrument, sagte er dann. Das darf gerade jetzt keinen Schaden nehmen. Ich hab' ihm das Lexikon der medizinischen Irrtümer besorgt, ich habe im Internet jede erreichbare Studie downgeloadet, um ihm zu beweisen, dass das vollkommen irrational ist. Erkälten kann man sich nicht. Man kann sich höchstens einen Infekt einfangen. Es hätte genügt, wenn er Plätze gemieden hätte, wo er auf viele Menschen getroffen wäre."

Klar, nüchtern, logisch – das hatte Paul imponiert. Nicht zuletzt diese Geschichte hatte ihn vollends davon überzeugt, dass Susanne genau die Richtige sei.

Und jetzt das! Weihnachten! Paul hatte Susanne angeboten, einfach ohne ihn zu feiern, zu ihren Eltern zu fahren oder zu den McPhearsons zu gehen und ihn in Ruhe zu lassen. Susi hatte ganz traurig geschaut und mit Hasenmäulchen geflüstert: „Das kann ich nicht. Ich möchte mit dir zusammen sein an unserem ersten gemeinsamen Fest der Liebe. Ich liebe dich, Paul!"

Ratlos, wehrlos hatte ihn das gemacht. Fest der Liebe. Er hatte sie einfach in den Arm genommen und geküsst, und dann waren sie zu Bett gegangen. Gestern. Als sie vor dem Einschlafen noch einmal davon anfangen wollte, hatte er nur gesagt: „Lass' uns das jetzt nicht ausdiskutieren, Schatz." Dann waren sie eingeschlafen. Und heute Morgen war er schon aus dem Haus, als Susanne aufwachte. Sie hatte ein paar Tage Urlaub abzufeiern und er wollte sich die neuesten Daten aus Zürich möglichst so früh auf den Rechner holen, dass er für das Meeting um zehn alles parat hatte. Er war ein Pflichtmensch. Jawoll.

Also was tun? Verschwinden? Die Beziehung beenden? Oder Weihnachten feiern? Mit den McPhearsons Party machen? Das Leben war grausam. Vor allem für Leute wie ihn, die konsequent bleiben wollten.

Als er den Schlüssel im Schloss drehen hörte und Susi wenig später im Flur stand, mit von der Kälte geröteten Wangen ihren Mantel auszog, bemerkte Paul, dass sein Herz schneller schlug. Einen kleinen Augenblick lang versuchte er, dieses komische Gefühl zu analysieren. Aber da hatte ihn Susanne schon an sich gezogen und schenkte ihm einen so aufregenden Kuss, dass er wusste: Ich habe verloren. Oder besser: Ich will sie nicht verlieren. Und notfalls feiere ich eben mit ihr. Vielleicht bei den McPhearsons. Denn bei den Briten ist Christmas einfach Party. Das ist vielleicht auszuhalten.

Als sie so umschlungen im Flur standen, sagte Susanne: „Ich habe übrigens bei den McPhearsons gestern schon für uns beide zugesagt." Bevor er seinen berühmten zweifelnden Blick richtig aufsetzen konnte, setzte sie hinzu: „Ein rationaler Mensch wie du, dachte ich, wüsste abzuwägen, was ihm die größeren Probleme bescheren würde. Kosten-Nutzen-Analyse, Risiko-Abwägung. Ich wusste, ich bin's dir wert. Und deshalb habe ich dich so gern: Du bist ein durch und durch berechenbarer Typ. Oder habe ich mich geirrt?"

20

DAS LETZTE DING

„Noch mal Uhrenvergleich", krächzte die Stimme von Felix aus dem Funkgerät. „23 und 11", flüsterte Grönland. „Roger. Noch 19. Dann gehen wir Eis essen." – „Roger." Grönland überprüfte seine Utensilien. Der Plastiksprengstoff – okay. Die Zündelektronik – bestens. Zapper, der neben ihm kauerte, atmete hörbar nervös. „Dem geht die Düse", dachte Thomas, den alle Grönland nannten, weil er in jeder Lage cool blieb, cold as ice. Den „War Name" hatte die Stuttgarter Unterwelt kreiert, lange bevor jemand von einer Klimakatastrophe sprach. Kein Wunder, dass sich Thomas Blickle, wie er laut Personalausweis mit vollem Namen hieß, in letzter Zeit häufig dumme Frotzeleien anhören musste.

Tatsächlich war Bankraub ein immer undankbareres Geschäft geworden. Die Banken hatten in den vergangenen Jahren ihre Sicherheitskonzepte vollständig umgebaut. Vor allem verknappten sie den Bargeldbestand in den Niederlassungen und verlangsamten die Prozesse, mit denen das Personal große Summen von Bargeld aktivieren konnte. Das führte zu immer langwierigeren Raubabläufen und, das ärgerte einen Perfektionisten wie Grönland, zu einer immer weiter sinkenden Gewaltschwelle.

Der schnelle, technisch saubere, präzise vorbereitete, gewaltarme und ertragreiche Raub, wie er ihn in den siebziger Jahren zusammen mit Mühlen-Joe und dem Tübinger mehrfach abgezogen hatte, lebte nur noch in den Geschichten und Legenden der Branche. Profis überfielen keine Filialen mehr. Nur Anfänger und Verzweifelte riskierten noch ihr Leben und das von Kunden und Personal für ein paar Tausend Euro. Oft endeten die stümperhaften Züge in einer Geiselnahme mit Polizeibelagerung.

Mühlen-Joe hatte sich nach der Entlassung aus Stammheim auf der Schwäbischen Alb zur Ruhe gesetzt. Er züchtete Biogemüse und verkaufte es auf dem Reutlinger Wochenmarkt. Der Tübinger, der nach dem Tatort seines ersten spektakulären Bruchs so hieß, war nie gefasst worden und verlebte seine Beute in Uruguay. Und Grönland hatte auch ohne die blöden Jokes auf seine Kosten längst selbst festgestellt, dass es mit seiner legendären Nervenstärke bergab ging, seit er seinen 50. Geburtstag hinter sich gebracht hatte.

Warum er sich von Felix hatte überreden lassen, noch einmal die logistische Leitung eines Fünfers zu übernehmen, verstand er jetzt überhaupt nicht mehr, da er durch den kalten und feuchten Tunnel unter der Stuttgarter Landeszentralkasse kroch. Er hatte doch seinen Schnitt gemacht, die Schäfchen im Trockenen. Gut gewaschen, hatte er seine Beute in eine Weinstube im Bohnenviertel, ein Callcenter in München und diverse nicht spekulative Papiere gesteckt. Finanziell hatte er dieses riskante Ding nicht mehr nötig.

Auch seine Biografie bedurfte eines letzten Farbtupfers nicht mehr. Seine letzten fünf Aktionen standen allesamt auf der Misserfolgsliste der deutschen Kripo, keine wurde aufgeklärt. Grönland hatte seit 24 Jahren keinen Knast mehr von innen gesehen. Vor 16 Jahren war er zum letzten Mal eine Nacht in U-Haft gesessen, witzigerweise als Verdächtiger bei einem Raub, mit dem er rein gar nichts zu tun hatte, weit, weit unter seinem Niveau. So hatte er es sogar den Medien gesagt: „Stümperhaft, so etwas hätte ich nie probiert. Mit dem Hubschrauber auf dem Dach der Beamtenbank landen. Zu viel Hollywood, zu wenig Verstand." Dass er nachweislich sauber war, hatte ihn in den nächsten Jahren davor geschützt, überhaupt in die Routinedateien der Fahnder zu geraten. Das Beste, was einem Profi passieren konnte.

Grönland hatte nie mit mehr als zwei Kollegen gearbeitet, also höchstenfalls im Trio, am liebsten zu zweit. Auch wegen der Gefahr, dass es zu viele Mitwisser gab. „Ein Fünfer. Du musst wahnsinnig sein", dachte er, als er vorsichtig über ein dickes Rohr hinwegrobbte, hinter sich den keuchenden Zapper, der prompt mit dem Schädel gegen irgendein klirrendes Metallteil gerumst war. Als ihm Felix die anderen drei vorgestellt hatte, spätestens da hätte er aussteigen sollen. Sicher, Zapper hatte beim Tunnelbau ordentlich gearbeitet. Aber so ein Ding als Premiere war mehrere Nummern zu groß für einen Anfänger. Ein verschuldeter, spielsüchtiger Bauingenieur, superschlau, aber wahrscheinlich nicht besonders clever. Grönland fand ihn nett, das war das Schlimmste. Er hatte immer darauf geachtet, nur mit Leuten zu arbeiten, die er nicht besonders mochte, die er notfalls geopfert hätte, um die eigene Haut zu retten. Eine Dummheit war das. Aber jetzt war es zu spät, etwas zu ändern.

Die beiden Sherpas waren gelenkig, drahtig und stark. Nach der Papierform hatte Felix den Russen und die Trompete gut ausgesucht. Der Russe schleppte in der Simulation zwei Stunden lang Sandsäcke mit dem Originalgewicht der Ware, ohne auch nur einmal eine Pause einzulegen. Die Trompete erreichte dieses Niveau fast. Die beiden waren zwar keine blutigen Anfänger, aber an einem logistisch komplizierten Plot wie diesem, mit einer Einsatzzeit von brutto sieben Stunden, hatten sie noch nie mitgewirkt.

Den Felix konnte Grönland nicht besonders gut leiden. Deshalb hatte er mit ihm schon zweimal gearbeitet. 1988 in Aachen und 1993 in Leipzig. Felix' Planungen waren jedes Mal genau gewesen, seine Recherche perfekt. Ein Kopf, so kühl wie sein eigener, das schätzte Grönland. Nun stellte sich heraus, dass er in Sachen Menschenkenntnis das technische Niveau nicht erreichte. Ein beträchtliches Risiko.

Sie waren gut vorangekommen. Sie gruben nur tagsüber, während nebenan die Bauarbeiten am großen Parkhaus und an der Straßenbahntrasse liefen. Lärm und Erschütterungen der Baustellen boten Schutz vor dem seismografischen Gerät, das möglicherweise in der Zentralkasse installiert war. Im Februar 2006 hatte eine Crew in Moskau bereits 50 Meter Tunnel in Richtung Impexbank gegraben, als sie von in der Bank befindlichen seismologischen Instrumenten entdeckt wurden.

Aber nun lief der finale Countdown. 23 Uhr 24. Noch sechs Minuten. Dann würde Grönland die letzte Barriere öffnen, mit dem Sprengstoff. Gleichzeitig würde Felix vierhundert Meter von der Bank entfernt ein ganzes Kilo von dem Pudding hochgehen lassen und damit die Stiftskirche sprengen. Dass die Seismo-Zeiger ausschlugen, würde deshalb wirklich niemanden überraschen. Felix hatte eigens ein Bekennerschreiben einer „Islamistischen Gruppe Württemberg" verfasst, das die Frühschicht des Evangelischen Pressedienstes im Briefkasten finden würde.

Grönland nahm noch einmal Funkkontakt mit Felix auf. 23 Uhr 28. Sie mussten beide exakt parallel zünden. Dann würde Felix in der Garage der Großbuchhandlung in den Tunnel einsteigen und die ersten Pakete übernehmen. Kettensystem: Grönland räumte aus, gab an Zapper, der weiter an die Sherpas, Felix nahm an und lud ins Auto.

Grönland zählte ins Mikrofon, während er den rechten Zeigefinger dem Sensor annäherte: „23 Uhr 29 und 10. ... und 20 ... und 30 ... und 40 ... und 50 ... und Start." Die Druckwelle der Explosion hob Zapper und Grönland fast in die Höhe, obwohl sie vorbereitet gewesen waren und sich flach auf den Tunnelboden gelegt hatten. Von der Himmelfahrt der Stiftskirche hatte Grönland nichts mitbekommen. Aber Felix johlte ins Mikro: „Ignition, we have lift off!"

Als ihm die Scheinwerfer durch das aufgesprengte Loch ins Gesicht leuchteten, wusste Grönland: Das war's. Es wunderte ihn nicht, als auch vom anderen Ende des Tunnels helles Licht auf ihn und den seltsam entspannten Zapper zukam. Er entschied sich für den Weg in den Tresor, wo er den Einnahmen der Stuttgarter Geschäftswelt vom dritten Adventssamstag wenigstens nahe kommen konnte, auch wenn sie nun letztlich unerreichbar sein würden. Er schob Zapper vor sich her und rief: „Nicht schießen!" Er warf seine Pistole in Richtung der beiden Gesichter, die am Rande des Lochs erschienen. Die Männer oben reichten eine Leiter herunter. Zuerst stieg Zapper auf, dann Grönland.

Als Grönlands Kopf aus dem Loch auftauchte, brandete Beifall auf. Vielleicht hundert festlich gekleidete Menschen standen im Tresorraum und amüsierten sich über die völlig verdatterte Miene Grönlands. Ein kräftiger Grauhaariger im Smoking reichte ihm die Hand und dröhnte mit jovialem Bariton: „Herzlich willkommen, Herr Blickle – oder soll ich Grönland sagen? – auf der Weihnachtsfeier des Bankenverbandes Baden-Württemberg und der Landespolizei." An die Gesellschaft gewandt, fuhr der Kerl fort: „Es hat alles geklappt wie am Schnüre. Ich habe Ihnen ein Erlebnis der ungewöhnlichsten Art versprochen. Hier haben Sie den Hauptakteur: Thomas Blickle, genannt Grönland, einst genialster Bankräuber Deutschlands, seit 24 Jahren außer Dienst, nehmen wir zu seinen Gunsten an, der von unserem Freund Felix Wormser" – er deutete auf Felix, der ebenfalls festlich gekleidet, feixend und bestens gelaunt neben den Redner trat – „zu diesem letzten großen Auftritt überzeugt werden konnte. Herr Blickle, pardon Grönland, sowie die beiden Sherpas waren in den Plan nicht eingeweiht. Herr Manfred Zapper spielte seine Rolle großartig, denn unser Freund Grönland" – er tätschelte ihm den Arm – „ist ein höchst vorsichtiger und misstrauischer Mensch. Herr Zapper ist Ihnen ja wahrscheinlich bekannt. Im richtigen Leben heißt er Stefan Vollmann und ist eine der tragenden Säulen des Staatstheaters. Er hatte über insgesamt drei Monate einen verzweifelten, weil hochverschuldeten Bauingenieur vor dem kritischsten Publikum zu spielen, vor Thomas Blickle, den man „Grönland" nennt. Ein großes Kompliment gilt unserem Technikteam, das uns und die Zuschauer von BW-TV mit seinen hochempfindlichen Nachtsichtkameras die vergangenen zwei Stunden auf Thrillerniveau unterhalten hat. Herr Blickle, Sie waren Mitwirkender an einem guinnessbuchreifen Akt mit insgesamt sieben versteckten Kameras. Ich danke Ihnen. Natürlich ist die Stiftskirche nicht gesprengt worden. Sie strahlt in ihrer Adventsbeleuchtung so schön wie eh und je. Selbstverständlich haben wir die Sache juristisch vorher abgesteckt, Sie werden vollständig straffrei bleiben. Und außerdem erlaubt sich der Bankenverband, dem neuen Tresorraum, dem der gesprengte sowieso hätte weichen müssen, Ihren Namen zu geben." Der Mann, offenbar der Vorsitzende des Bankervereins, hielt eine Bronzetafel in die Höhe, auf der „Tresor Grönland" stand. Dann wandte er sich wieder an Thomas: „Mein lieber Grönland, Danke für Ihre Leistung. Wir vom Vorstand haben uns entschieden, Ihnen ein Depot im Wert von 10 000 Euro zu schenken und Ihnen auf Lebenszeit alle Bankgebühren zu erlassen, gleich bei welchem unserer Institute Sie Kunde sein mögen. Noch einmal Beifall für unseren Gröööööönland!"

Der Kerl streckte ihm die fleischige Rechte mit einem Couvert entgegen. Die Bankerinnen und Banker, die Leute von der Polizei – alle applaudierten. Grönland, der während der gesamten Rede mit starrer Miene dagestanden hatte, drehte sich langsam zu dem Oberbanker um. „Er will auch reden", unterbrach dieser den Applaus. Grönland wollte eigentlich nicht. Nun tat er es doch. „Ihr seid allesamt zynische Drecksäue. Pfui Teufel." Er spuckte dem Bankerboss ins Gesicht, traf voll dessen rechtes Auge. Dann fuhr er blitzschnell herum und donnerte Zapper die Rechte auf den Kiefer. Und als Felix sich dazwischenwerfen wollte, knallte er dem eins in die Fresse und eins in die Weichteile. Im Nu hatten sich fünf, sechs Leute auf Grönland geworfen, bändigten ihn wie ein wildes Tier. Die Gesellschaft buhte, schrie und pfiff. „Ruhe", kreischte eine hohe Frauenstimme. Dann stand plötzlich ein riesiges blondes Weib zwischen den Polizisten, die Grönland festhielten. „Lasst ihn sofort los!", sagte sie jetzt nicht minder laut, aber eine Oktave tiefer. Sie sah aus wie der Racheengel. Ihr schönes Gesicht mit der schmalen Nase und den stahlblauen Augen leuchtete metallisch. Die Erscheinung wirkte einschüchternd auf alle im Tresorraum. Grönland spürte, wie die Hände losließen, die ihn an Schulter, Genick und Armen festgehalten hatten. Das riesige Weib führte ihn hinaus, winkte ein Taxi herbei und drückte ihm 100 Euro in die Hand. „Fahren Sie nach Hause, frohes Fest." Und verschwunden war sie.

In den Tagen bis Weihnachten waren die Medien halb Europas mit der Grönland-Weihnachtsfeier beschäftigt. Felix hatte eine Serie im Boulevardblatt „Mega-Mix" über „Meine Jahre mit ‚Grönland', dem genialen Räuber". Immerhin verriet er keines der bisher nicht aufgeklärten Dinger. Heinrich Bergheimer, der Chef des Bankenverbandes, wurde zum Rücktritt gezwungen, auch der Landespolizeichef musste gehen. Bei BW-TV waren es die schönsten Weihnachten in der jungen Geschichte des Senders. Immer wieder zeigte man Ausschnitte der Produktion, und man verkaufte sie, inklusive des Finales, um den halben Globus.

Grönland blieb spurlos verschwunden. Als die Medienleute spitzkriegten, dass ihm die Weinstube im Bohnenviertel gehörte, freute sich der Geschäftsführer zwar über die Publicity, konnte aber über den Verbleib des Besitzers ebenso wenig Angaben machen wie Felix, der mindestens zwanzig Mal auf allen Telefonnummern Thomas zu erreichen versucht hatte.

Auch die große Blonde blieb verschwunden. Die einen sagten, sie habe so ausgesehen wie die Opernsängerin Dorota Tomaschkova im Kostüm der Brünnhilde, in dem sie am Abend des Ereignisses zweihundert Meter von der Zentralkasse entfernt noch mal gesehen worden sei, offenbar auf dem Weg ins Opernhaus. Andere sind bis heute überzeugt, es habe sich wirklich um einen Engel gehandelt, manche meinen sogar: es sei der Erzengel Gabriel persönlich gewesen. Zu Letzteren gehörte auch Grönland, von dem bis heute nur eine Handvoll verschwiegener Leute weiß, wohin er in dieser Nacht verschwunden ist.

21

WORT UND FLEISCH

Kann man überzeugend vom Himmelreich reden, wenn man auf Erden ein Schwein ist? Kann man vom Licht predigen, das in die Welt gekommen ist, während man das Gefühl nicht loswird, in der eigenen Seele sei es zappenduster? Wie viel Lüge wirkt noch gerade glaubwürdig? Wann ist es einfach zu viel? Jörg Hinrichs steckte die Teetasse in die Spülmaschine und nahm sich den Predigttext für die Vesper wieder vor. Heilig-Abend. Auf die Weihnachtsgottesdienste hatte er sich eigentlich immer gefreut. In zehn Jahren Gemeindepastorat war er an den Feiertagen überschlägig mindestens zwanzigmal in den Talar geschlüpft und hatte fast genauso oft gepredigt. Er hatte mit dem Kantor die Liederauswahl besprochen, mit der Kita-Leiterin über das Krippenspiel verhandelt, Fürbittgebete an die Lektoren verteilt und die Kollekte festgelegt. In diesem Jahr ging erstmals eine Hälfte an die Epilepsie-Selbsthilfe im Stadtteil, die andere wie immer an Brot für die Welt.

Es war jetzt kurz nach fünf. Draußen war es längst dunkel geworden. Den Kindergottesdienst um halb vier hatte Hinrichs wider eigenes Erwarten ganz gut durchgehalten. Das Krippenspiel, die unruhigen Kinder, die fiependen Flötistinnen – alles Routine, alles roger. Management ging immer, das hatte Jörg Hinrichs schon seit geraumer Zeit geahnt. Improvisieren, organisieren, troubleshooting – das hielt am Laufen, das beschäftigte einen. Da kam man nicht auf blöde Gedanken. Es schlichen sich keine seltsamen Gefühle aus der Seele durch die Brust in den Kehlkopf und schnürten einem die Stimme ab oder bewirkten noch Schlimmeres. Dass der Kindergottesdienst laufen würde, darauf hatte der Pastor gebaut.

Nun war es noch eine halbe Stunde bis zur Vesper. Und alles war anders, alles war fremd hier im Pfarrhaus. Keine Familie. Kein geschmückter Baum. Kein Duft aus der Küche. Stille. Jörg hörte die Uhr ticken und den Brenner der Heizung, der sich automatisch einschaltete. Es war ihm klamm und kalt. Er befühlte einen Heizkörper. Heiß, so heiß, dass er sich fast die Finger verbrannte. Er ging zum Thermometer neben seinem Schreibtisch. 22 Grad wie üblich.

„Das Wort ward Fleisch und wohnte unter uns, und wir sahen seine Herrlichkeit." Wäre alles geblieben, wie es noch vor drei Wochen schien, Jörg Hinrichs hätte es genossen, über den geliebten Text des Evangelisten Johannes zu predigen.

Aber nun, da alles anders geworden war, bemächtigte sich seiner die nackte Angst. Er spürte, wie ihm sein Herz Zentimeter für Zentimeter den Hals emporschlug. Und während der Vesper, während er anhub: „Liebe Schwestern und Brüder, liebe Gemeinde", würde es ihm in die Mundhöhle schlagen. Und er würde versuchen, es wieder zu schlucken. Aber es würde durch seine Zähne drängen und aus seinem Munde klopfen und zuckend vor dem Pult auf den Boden fallen und weiterschlagen und Blut pumpen und Blut spucken, stoßweise, mit hohem Puls. Wie ein wildes Lebewesen würde es über die Fließen hüpfen, den Gang hinunter, und alles versauen und besudeln mit seinem Blut. Ein heilloses Wirrwarr würde ausbrechen. Schreiende Frauen würden sich an ihre Männer klammern. Und die würden mit finsteren Gesichtern zuerst das Herz und dann ihn anstarren, wie er blutleer und blass regungslos hinter dem Pult verharrte. „Das Wort ward Fleisch und wohnte unter uns, und wir sahen seine Scheußlichkeit und die Verlogenheit."

Jörg kam zu sich und sah erneut auf die Uhr. Es waren keine drei Minuten vergangen, seitdem er zum letzten Mal den Gang der Zeiger kontrolliert hatte. Und doch schien es ihm, als habe er lange Zeit hier in seinem Arbeitszimmer verbracht. Der Inka-Christus auf dem Wandteppich aus Guatemala schien ihn hämisch anzugrinsen. Nein, es war der unerbittliche Blick des Gottes im Weltgericht, den dieser bäuerische Jesus in seinem Gesicht trug. Wo war die derbe Gutmütigkeit geblieben, deretwegen er und Irene den Teppich auf dem Bauernmarkt in Guatemala City für ein paar Pesos erstanden hatten?

Vor drei Tagen war Irene mit den Kindern aus dem Pfarrhaus ausgezogen. Sie hatte ihm ein Ultimatum gestellt. Er hatte es am Abend davor verstreichen lassen. „Ich kann nicht. Es geht alles kaputt. Bitte." Irene hatte ihm stumm bedeutet, dies sei die letzte Chance gewesen. Sie ging zuerst in die Zimmer der Kinder, dann in ihr Schlafzimmer und brachte die Koffer zum Auto. Die Kinder hatte sie bereits zu ihren Eltern gebracht, als Jörg ihr den Verrat eingestanden hatte. Das war vor nicht einmal zehn Tagen gewesen.

„Ich gehe", sagte sie an diesem Abend. Und: „Du hast mich so enttäuscht, wie ich es von dir nie erwartet hätte, Jörg." Ruhig, beinahe tonlos. Bevor sie die Tür hinter sich schloss, schrie sie seinen Namen noch einmal. „Jörg!", wie ein verwundetes Tier.

Was hätte er denn anders machen sollen? Dass diese Verrückte einfach nicht aufhören würde, ihn mit ihrer Zuneigung zu verfolgen, damit hatte er nicht rechnen können, als er mit ihr nach der Chorfreizeit im Mai im Bett gelandet war. Es war aus einer Laune heraus geschehen. Ja, gut! Irene hatte ja recht. Das tut man nicht, nicht in diesem Beruf. Hatte seine Frau eine Ahnung! Jeden Sonntag stiegen in den Kirchen dieser Welt Tausende von Ehebrecherinnen und Ehebrechern auf die Kanzeln! Und die katholischen Kollegen erst! Aber er, Jörg Hinrichs, hatte darüber nicht zu richten. Ihm fiel das Bonmot dieses Kirchenjuristen von der Akademietagung im Sommer ein: Das Problem der Evangelischen ist, dass sie die Ehe nicht durchhalten und die Katholischen nicht die Ehelosigkeit.

Jörg Hinrichs war kein manischer Ehebrecher. Er hatte Irene in der Nacht, als sein Fehltritt herausgekommen war, geschworen, dass es der erste und einzige gewesen sei. Diese Frau hatte seinen Skalp gewollt. Dass sie ihn attraktiv finde, hatte sie ihm schon während des Gemeindefestes vor zwei Jahren ins Ohr geflüstert, als sie beide leicht angesäuselt zu später Stunde Stehblues getanzt hatten. Er wusste, dass sie scharf auf ihn war. Ja gut! Er auch auf sie! Okay! Aber er war es, der sich von ihr ferngehalten hatte. Er war es, der ihr im Sommer klargemacht hatte, nach diesen paar Nächten sei die Geschichte nun zu Ende. Er habe sich für Ehe und Familie entschieden. „Und das willst du mir jetzt als Heldentaten verkaufen! Als Leistung! Soll ich jetzt sagen: Danke mein lieber Jörg! Großartig, Herr Pastor! Selbstlos haben Sie die erotischen Wünsche einer einsamen Dame erfüllt, und dann haben Sie sich für Ehe und Familie entschieden. Großartig!" Irene hatte seinen Tonfall nachgeäfft, dann war sie wieder in ein heilloses Schluchzen verfallen.

Die Frau aus dem Chor hatte von Juli an Zentimeter für Zentimeter die Schlinge enger gezogen, nachdem ihr Jörg erklärt hatte, es sei vorbei. Das heißt: Er hatte ihr eine SMS geschickt – „alles vorbei – jh". Sie hatte mehrere Aussprachen gefordert, die er ihr jedes Mal gewährt hatte. Sie beschenkte ihn – vorzugsweise mit großkalibrigen Gegenständen, Büchern und Bildern, die Jörg alle auf dem Dachboden der Kirche versteckte. Sie rief zu immer gefährlicheren Tageszeiten bei ihm an, obwohl er sie immer wieder darum gebeten hatte, es zu lassen. Als all diese Manöver Jörg nicht umzustimmen vermochten, hatte sie den Brutalo-Weg gewählt und Irene anonym mitgeteilt oder mitteilen lassen, dass er ein Verhältnis mit ihr unterhalte. Dem Brief lag ein auf den ersten Blick lückenloses Dossier aller E-Mails und SMS bei, die Jörg ihr je gesandt hatte – und nach Jörgs fester Überzeugung einige zehn mehr, als es seiner eigenen Erinnerung nach waren. Nur: Er konnte den Gegenbeweis nicht führen. Er hatte, umsichtig wie er war, jeden Hinweis aus allen elektronischen Verzeichnissen in Telefon und PC gelöscht.

Irene war geschockt gewesen. Warum gerade sie? Dieses überkandidelte Weib! Und warum hatte er gelogen, fortgesetzt gelogen, wenn es doch nur eine Laune gewesen war? So viel war sie ihm, waren ihm seine Kinder wert? Sie hatte ihm im Laufe des Streits mehr und mehr die Lüge vorgeworfen und immer weniger den Fehltritt. Und dann, gegen Morgen – sie waren streitend durch die Nacht gewandert, damit die Kinder nicht aufwachten – hatte sie von ihm gefordert, reinen Tisch zu machen, vollständig reinen Tisch: „Du erklärst deinem Kirchengemeinderat, was passiert ist, offen und ohne falsche Rücksicht. Das ist die einzige Chance. Für dich. Für mich. Für uns." Jörg hatte eingewilligt.

Aber dann, als er in der Kirchenvorstandssitzung saß und in die Gesichter blickte, wusste er, wenn er sich erklärte, würde es keine zwei Monate dauern und er wäre nicht mehr Pastor dieser Gemeinde. Irene hatte ihm die Gelegenheit verweigert, alles zu erklären. Sie war gegangen.

In fünf Minuten begann die Vesper. Jörg raffte die letzten Energien zusammen, klemmte den Predigttext ins schwarze Ringbuch und begab sich zur Sakristei. Die klare, kalte Luft beruhigte seine Nerven. Die paar Meter über den Kirchplatz entspannten ihn. In der Sakristei wartete Rudi Bongert auf ihn, der Kantor. Sie begrüßten einander. Die Bongerts, sagte Rudi, machten sich Sorgen. „Melli sagt, sie habe Irene schon seit ein paar Tagen nicht gesehen. Ist sie krank? Können wir helfen?" Melli Bongert arbeitete in der Kita und kam jeden Morgen am Pfarrhaus vorbei. „Nee, nee, lass mal. Danke. Irene – also, sie hat eine, eine Infektion", stotterte Jörg, „nichts Schlimmes, aber sie, sie ist mit, mit den Kindern, sie ist mit den Kindern bei ihrer Mutter." – „Großartig", lobte Rudi, „du hast eine großartige Frau!" Rudi, der positive Mensch, grinste, umarmte Jörg und stapfte die Empore hinauf zu seiner Orgel.

Jetzt war der ganze frisch gefasste Mut wieder dahin. Noch mal gelogen! Jörgs Hände zitterten, als er versuchte, sein Bäffchen zu binden. Endlich hatte er es geschafft.

Rudi spielte schon zum Einzug. Jörg griff sich das Ringbuch, atmete zweimal heftig und schritt in die halbdunkle, bis auf den letzten Platz gefüllte Kirche.

Die Eingangsgebete sprach er halb in Trance. Komisch, hörte er sich denken, diese warme, volltönende Stimme war seine. Ein Lektor sprach das Evangelium nach Johannes. Dann begab sich Jörg zum Pult. Er zitierte noch einmal die ersten Worte des Evangelisten. „Und das Wort ward Fleisch und wohnte unter uns, und wir sahen seine Herrlichkeit." Weiter kam er nicht. Stumm starrte er in die zweite Reihe rechts. Dort saß, rotes Kostüm unter dem geöffneten Mantel, diese Frau und lächelte ihm zu. „Komm zu mir! Du armer, einsamer Mann. Komm zu mir! Ich rette dich. Deine Familie ist weg, für immer. Ich rette dich! Jetzt sind wir ein Paar! Ich werde dich trösten, sättigen und lieben. Sei mein!" Das Fleisch war zum Wort geworden und saß da und lockte.

Jörg schwieg. In der Kirche begann es unruhig zu werden. Und dann begann er: „Kann man überzeugend vom Himmelreich reden, wenn man auf Erden ein Schwein ist? Kann man vom Licht predigen, das in die Welt gekommen ist, während man das Gefühl nicht los wird, in der eigenen Seele sei es zappenduster? Man kann, wenn man sich Stück für Stück tötet, wenn man alles stilllegt, an das man glaubt. Man kann, wenn man glaubt, alle würden ihre Überzeugungen locker verraten in dieser Welt – alle machen es – und auf einen mehr oder weniger komme es nicht an. Aber mit jeder Unwahrheit gegen sich selbst liefert man sich weiter aus. Man entfernt sich Stück für Stück von dem, was an Weihnachten offenbar wird: Das Wort ward Fleisch. Vor Ihnen steht ein Ehebrecher, der auf Gottes Gnade hofft."

Zehn Minuten sprach Jörg über seine Geschichte. Er nannte keinen Namen. Und die Versucherin bewahrte Haltung. Er sah nur ihre weißen Knöchel um das Gesangbuch gekrampft, als würde es bei der leisesten Lockerung davonfliegen. Er sah auch, dass jeder Anflug von triumphierender Verlockung aus ihrer Miene gewichen war. Mehr sah er nicht. Denn er schaute ganz woanders hin. Ihm gegenüber, vor dem großen Portal, am anderen Ende des Kirchenschiffs stand Irene mit den Kindern.

Die Hinrichs feierten Heilig-Abend mit ihren Kindern. Ohne Baum, ohne Krippe, aber als Familie. Womit bewiesen ist, was niemand geglaubt hätte: Weihnachtswunder können sich sogar in Kirchen und Pfarrhäusern ereignen.

22

PULS IN ORDNUNG

Das Singen hatte aufgehört. Endlich. Armin Decker saß in dem kleinen Ärzte-Kabuff auf Station C vor seinem Bildschirm und atmete tief durch. Seit dem Spätnachmittag war die Krankenhauspfarrerin mit dem kleinen Kinderchor von einem Patientenzimmer zum anderen gezogen, um denen eine Freude zu machen, die über die Feiertage nicht nach Hause durften. An- und abschwellend waren die Fetzen der bekannten Weihnachtslieder durch die Flure geklungen, je nachdem, wo sich der „kleine Wanderzirkus", wie Schwester Sigrid es nannte, gerade aufhielt. Zwei Stunden „Oh du fröhliche", „Vom Himmel hoch", „Kling, Glöckchen, klingelingeling". Da muss ich durch, hatte Decker schon am Morgen gewusst, bevor es dann endlich ruhig wird.

Das dritte, nein, das vierte Weihnachten, rechnete der Arzt nach, verbrachte er nun auf Station. „Mensch, Decker", hatte ihn der Chef nach der Visite gestern angesprochen, „Sie müssen das nicht tun. Wäre für den einen oder die andere von den Jungen durchaus mal eine wichtige Erfahrung, so eine Feiertagsschicht. Wir können das immer noch ändern." Aber Armin hatte das freundliche Angebot zurückgewiesen. „Nee, Chef, lassen Sie mal. Ich mach' das gerne." Der Professor hatte seinem Oberarzt respektvoll auf die Schulter geklopft und ihn für Silvester zu sich nach Hause eingeladen: „Wir sind da ganz privat. Nur ein paar Leute, die meiner Frau und mir wichtig sind. Wir freuen uns, wenn Sie kommen." Und nach einer kleinen Pause fügte er an: „Gerne auch in Begleitung. Oder allein. Wie Sie wollen. Sie müssen jetzt auch noch nicht zusagen. Ganz spontan. Wenn Sie da sind, sind Sie da." Das war nett vom Alten. Decker wusste jedoch, dass er die Einladung ausschlagen würde.

In den vergangenen Jahren war er Silvester zu seiner alten Mutter gefahren. Nun war sie tot. Und er hatte beschlossen, den Jahreswechsel alleine hinter sich zu bringen. Ohne Schnickschnack, Party oder sonstigen Radau.

Armin startete die Kliniksoftware und schaute sich an, welche Patienten denn über die Festtage auf der C bleiben würden. Von den 40 Betten waren 22 belegt. Aber nur sieben der registrierten Patienten waren tatsächlich dageblieben. Der Rest war so weit gesundet, dass er über die Feiertage nach Hause geschickt werden konnte. Der Arzt scrollte die Liste runter: Zimmer 3 – Radovan Mavric. Er schaute in die Akte. Mavric hatte heute Morgen hohes Fieber gehabt, deshalb hatte ihn die Kollegin nicht nach Hause gelassen. Und dann stand da noch: „Familie wird ihn Heilig-Abend besuchen." Wie alt war Mavric? Noch nicht mal vierzig.

Zimmer 5 – Hilde Bürger. Eine bettlägerige alte Dame. Oberschenkelbruch. Schwer sklerotisch. Zimmer 6 – Norman Tessler. Das war der schwule Tänzer, der gestern Nacht in der Disco zusammengeschlagen worden war. Mehrere Brüche – rechter Arm, Rippen. Offene Wunden am Hinterkopf, im Gesicht. Bauchverletzung (Messer?). Zimmer 8 – Sebastian Göde. Der Motorradfahrer. Den hatte Decker am Mittwoch zusammengeflickt. Alles zu frisch, musste hierbleiben. Auch im zweiten Bett lag einer. Thorben Walker. Schädelbruch. Der Maurer war letzte Woche vom Gerüst gefallen. Zimmer 9 – Helga Sauer. Neue Hüfte. Postoperative Wundinfektion. Musste hierbleiben, logisch. Dann noch Zimmer 10 – Grit Neuser. Das war die Fleischerei-Verkäuferin, die sich den Daumen fast durchgesägt hatte. Vorgestern eingeliefert und gestern operiert.

Dr. Decker sah auf die Uhr. Zwanzig vor neun. Zeit, eine Runde zu machen. Mavric hörte ihn nicht klopfen. Er sah fern, hatte die Kopfhörer aufgesetzt, erschrak, als Decker vor seinem Bett stand. „Alles in Ordnung, Herr Mavric?" – „Voll in Ordnung, Herr Doktor." Er hob zur Bestätigung den Daumen. Geschenke türmten sich auf Nacht- und

Beistelltisch. „Familie schon da gewesen?“ – „Alle da gewesen. Super. Das Bild ist von meiner Kleinen“. Mavric deutete auf eine Kinderzeichnung: Schneemann mit Weihnachtsbaum. „Schön“, murmelte Decker und verabschiedete sich.

Auch die alte Frau Bürger hatte die Glotze laufen. Als ihr Decker den Puls fühlte, lächelte sie ihn an. So richtig schien sie nicht zu wissen, wer er war. Puls okay, Medikamentenblatt auch. Auf Schwester Sigrid konnte man sich verlassen. „Frohe Weihnachten, Frau Bürger.“ – „Ja, ja, Weihnachten war auch schon“, murmelte sie, ohne den Blick vom Bildschirm zu wenden. Irgendwelche Stadelmusikanten im Kerzenschimmer.

Norman Tessler lag nicht in seinem Bett. Decker fand ihn rauchend auf dem Balkon. „Wie geht's Ihnen?“ – „Danke der Nachfrage“, stöhnte Tessler, „ging schon besser.“ Decker sah, dass er fröstelte. „Machen Sie, dass Sie wieder ins Bett kommen, Mann!“ Tessler zog an der Kippe und nickte: „Klar, Doktor.“ Der Motorradfahrer und der Maurer schliefen. Beider Puls in Ordnung.

Frau Sauer hörte Musik und strickte. Fieber war runtergegangen. „Ein Strampler für meinen Enkel“, sagte sie und reichte Decker ein Foto vom Nachttisch. „Ist erst drei Monate alt. Ein strammer Bursche. Meine Schwiegertochter behauptet, er komme ganz auf mich raus.“ Armin betrachtete das Bild. „Stimmt“, sagte er knapp. „Und sie, Herr Doktor? Wann gehen Sie nach Hause?“ Nach Hause. Wohin? „Ich bin hier zu Hause“, murmelte er. „Haben Sie keine Familie?“ Frau Sauer, Frau Sauer! „Kinder habe ich zwei. Die sind bei meiner Frau. Wir sind geschieden.“ Nun hatte er es doch gesagt, obwohl er sich vorgenommen hatte, gerade heute niemandem etwas Privates zu erzählen. „Ist auch nicht so wichtig“, schob er nach, „mir geht es gut und den Kindern auch.“ Warum setzte die alte Frau diesen mitleidigen Blick auf? Das konnte er gar nicht leiden. „Also, frohe Weihnachten, Frau Sauer.“ – „Frohe Weihnachten, Herr Doktor. Und danke, dass sie da sind.“ – „Keine Ursache. Schlafen Sie gut.“

War er einsam? Er war einsam. Aber was soll's? Grübeln hatte er sich verboten. Es ging weiter. Noch ein Zimmer, eine Patientin. Dann zurück in die Arzt-Butze. Vielleicht würde er seinen Bruder Max in Pirna anrufen. Der hatte Glück. Seine Brigitte, die Kinder Hagen und Svenja, eine heile Familie. Brigitte hatte ihn eingeladen. „Dein Bruder und die Kids würden sich wahnsinnig freuen, wenn du kämst. Für Max bist du nach Mutters Tod der einzige nahe Verwandte." Kam nicht infrage. Die eigenen Kinder weit weg und dann mit anderen Weihnachten feiern. Das hätte er nicht gepackt. Er hatte sich rausgeredet. Dienst, die weite Distanz zwischen dem Ruhrgebiet und Sachsen. Passte schon zeitlich nicht. „Schade", hatte Brigitte nur gesagt, mit ihrer melodischen Stimme. Das hatte schon wehgetan. Ja, schade, aber es ging nicht.

Also: noch nach Grit Neuser sehen und dann Ruhe. Armin hatte sich was zu lesen mitgebracht. Prospekte für den Skiurlaub, den er Ende Januar machen wollte, den neuen Roman von Philip Roth, Zeitungen und Magazine. Und ein Gläschen Wein würde er sich auch gönnen. Mit Schwester Sigrid. Lange würde er es nicht mit ihr aushalten, höchstens eine halbe Stunde, aber es musste sein. Gehörte sich so. Die Frau redete zu viel. Über Kochen oder über Esoterik. Nicht sein Fall. Tolle Krankenschwester übrigens. Aber wirklich nicht sein Fall.

Armin Decker betrat Zimmer 10. Madonna! Sie lag auf dem Rücken, die langen rotblonden Haare über das Kissen ausgebreitet. Wie schön sie war! „Hallo, Frau Neuser?" Sie reagierte nicht. Noch mal lauter: „Hallo!" Sie schlug die Augen auf, hauchte: „Abend". – „Schmerzen?" – „Geht." Er tastete nach dem Puls. Sechzig, okay. Seiner war sicher höher. Er spürte, wie sein Herz schlug. Blöde Geschichte. Er musste raus, sofort raus. Rasch das Medikamentenblatt kontrollieren und dann tschüss. Als er sich zur Tür drehte, fragte sie: „Bleiben Sie ein bisschen bei mir, Herr Doktor?" Er wollte schon Nein sagen oder dass er später noch einmal reinschaue oder dass er noch zu arbeiten habe. Er schnappte sich einen Besucherstuhl und setzte sich. „Mir geht's nicht gut", seufzte die Patientin, „ich meine, ich bin…" Sie weinte. „…allein?" Ein Nicken. Sie schnäuzte sich. „Ich wollte eigentlich zu meinen Leuten fahren, in den Schwarzwald." – „Schwarzwald", sagte Armin nach einer Pause, „Schwarzwald. Wo da?" – „Titisee, eine kleine Stadt. Nicht weit von Freiburg. Da komm' ich her." Armin durfte sie nicht anschauen. Nein, nicht anschauen! Nicht anschauen! Sauerstoffmangel. Sein Gehirn. Jetzt nur keine Schweißperlen auf der Stirn! „Schöne Gegend", mehr brachte er nicht heraus. Grit sah ihn an. Nein, nicht ansehen! Nicht! „Ich kann nicht allein sein an Weihnachten. Ich hab' mich so auf zu Hause gefreut. Ich fahre jedes Jahr Weihnachten zu meinen Eltern. Und jetzt das. Eine Stunde hätte ich noch arbeiten müssen. Eine Stunde! Und dann mache ich so einen Blödsinn. Einfach nicht aufgepasst. Die ganze Hektik im Laden. Die ungeduldigen Kunden. Einfach scheiße." So ein Wort aus ihrem Mund. Ein vollkommener Mund. Nicht! Geh jetzt, Armin! Du kannst das nicht brauchen. Geh endlich! Er blieb.

Wie alt war sie? Das stand auf dem Patientenblatt. Es lag auf dem kleinen Tisch neben der Zimmertür. Er konnte jetzt nicht aufstehen und nachsehen. Dreißig? Jünger? Er räusperte sich. „Wie kommt man aus dem Schwarzwald ins Ruhrgebiet?" – „Gute Frage. Die Liebe. Ich habe im Urlaub einen Mann von hier kennengelernt und bin zu ihm gezogen. Ich fand den Job in der Metzgerei. Die Geschichte ging nicht lange. Sieben Monate. Aber ich bin hier hängengeblieben. Seit drei Jahren. Ich habe einen netten Freundeskreis gefunden. Eigentlich ist alles gut."

„Interessant", quetschte Armin raus. „Ach was, gar nicht interessant, Herr Doktor. Sie sind ein höflicher Mensch. Sie hören solche Geschichten von gewöhnlichen Leuten wie mir sicher oft. Entschuldigung, dass ich Sie belästige." – „Tun Sie nicht. Nein, tun Sie nicht." – „Ich halte Sie hier einfach auf. Typisch Grit! Tut mir leid. Die anderen Patienten warten sicher auf Sie." – „Unsinn, Sie halten mich nicht auf. Ich war schon bei allen. Ich bleib' noch einen Augenblick." Unsinn! Nichts wie raus. Wer sprach da? Er doch nicht!

Sie griff mit ihrer gesunden Hand nach seiner. Dieses Trommeln in den Schläfen. Merkte sie, wie feucht seine Handfläche war?

„Sie sind traurig, Herr Doktor. Wollen Sie erzählen? Ich plapper' die ganze Zeit, tschuldigung." – „Nein, nein, schon in Ordnung." Irgend etwas schmolz in seinem Innern. Er hörte sich sprechen. Er erzählte, warum er traurig war. Er liebte seine Kinder. Timmy, den stillen Fußballer, und Hanna, die freche Flötistin. Acht und neun waren sie. Sie fehlten ihm so sehr. Und er hatte auch seine Frau geliebt. Vera hatte wenig Spaß gehabt in dieser Ehe. Dreimal waren sie umgezogen, weil er mit Leib und Seele Arzt war. Ein sehr guter Operateur. Er war dauernd in der Klinik. Notfallchirurg. Manchmal nur zum Klamottenwechseln zu Hause. Und irgendwann hatte Vera genug und ging. Jetzt lebte sie mit den Kindern und ihrem neuen Mann, einem häuslichen Typen, bei Hamburg. Die Kinder kamen jedes zweite Wochenende zu Besuch. Er kam gut mit ihnen zurecht.

„Und an Weihnachten?" Weihnachten verbrachten Timmy und Hanna immer mit Mutti. Das war ihr Fest und nicht seines. Er konnte das nicht organisieren mit Baum und Krippe und all dem Terz. „Müssen Sie das?" Müssen, müssen? Na ja, die Kinder brauchen doch so was, mit Kerzen und Liedern und kuscheliger Atmosphäre. Sagte Vera. In seinem kleinen Apartment ging's nicht. Und in irgendeinem Hotel feiern wollte er nicht. „Vielleicht wollen Ihre Kinder das gar nicht so dringend. Könnte ja sein, dass es ihnen ausreichen würde, mit ihrem Papi zu spielen und ein wenig zu kuscheln."

„Tschuldigung, dass ich Sie mit dem ganzen Zeug belästige. Tschuldigung." – „Jetzt reden Sie so wie ich vorhin. Und ich sage wie Sie: Nein, Sie belästigen mich nicht. Ich habe Sie doch aufgefordert, mir zu erzählen, warum Sie traurig sind." Irgendetwas wurde ganz weich in ihm. Er spürte es am ganzen Körper.

„Ach, da sind Sie, Dr. Decker!" Sigrid stand in der Tür und grinste. Es war ihm peinlich. Die grinste, weil sie was Bestimmtes dachte. Quatsch! Soll sie doch! „Is was?" Sigrid schüttelte den Kopf. „Nein,

nein. Nichts Besonderes. Ich dachte nur ... Bis später, Herr Doktor." – „Ich komme gleich", rief er hinter Sigrid her. Die hatte die Tür aber schon von außen geschlossen.

„Gehen Sie, Herr Doktor. Mir ist schon besser. Sie haben Dienst. Verzeihung." Armin stand auf. „Ich komme später noch mal vorbei." Grit schaute ihm in die Augen. Ja! Weiter! Mehr! „Hat Ihnen schon mal jemand gesagt", flüsterte sie, „dass Sie ein Engel sind, ein gütiger, warmherziger Mensch?"

Auf dem Flur traf er Tessler. „Doktor, ich kann nicht schlafen. Die Schmerzen." – „Sie gehören ins Bett, Herr Tessler. Sie sollten nicht aufstehen mit ihren Verletzungen. Drücken Sie einfach den Rufknopf, dann kommt jemand. Stützen Sie sich auf mich." Er begleitete den dick bandagierten Mann zu seinem Bett. Armin holte ihm ein Schmerzmittel. Dann legte er ihm sanft die Hand auf die Stirn. „Und jetzt bleiben Sie liegen und schlafen, Sie armer Kerl. Soll ich noch einen Moment hierbleiben?" – „Das wäre lieb, Herr Doktor. Sie sind wirklich sehr lieb."

Armin setzte sich ans Bett, bis Tessler eingeschlafen war. Es ging ihm gut. Ja, es ging ihm zum ersten Mal seit langer Zeit richtig gut. Vielleicht würde er Silvester doch die Einladung des Alten annehmen. Er wusste auch schon, wen er bitten würde, ihn zu begleiten, vorausgesetzt, der Daumen würde ordentlich heilen.

23

SCHWEINE-BAUCHS INITIATIVE

Manfred Richter kontrollierte noch mal seine Excel-Tabellen. Auf Kostenstelle vier waren noch nicht alle Rechnungen fakturiert. Wenn er dafür 150 000 rückstellte und auf Kostenstelle sechs noch mal 80 000, überschlug der Chefbuchhalter seine Zwischenbilanz, dann blieben dennoch alleine auf den Feldern „Beschaffungen" und „Material" mindestens 270 000 Euro Minderausgaben gegenüber der ursprünglichen Planung. Und das am 3. Dezember. Das war gerade in dieser Behörde ein absolut suboptimales Ergebnis.

Richter hatte gewusst, auf was er sich einließ, als er aus der Industrie in die öffentliche Verwaltung wechselte. Dort, in der Wirtschaft, wurde kaufmännisch gerechnet. Geld, das nicht ausgegeben werden musste, verschönte die Jahresbilanz, blieb als zusätzliche Liquidität für das Folgejahr. Hier, im Amt, herrschte die Kameralistik. Mittel, die nicht ausgegeben wurden, fielen im Haushaltsansatz für das folgende Jahr einfach weg. Verluste, Defizite sind da wie dort schlimm. Für die Finanzabteilung einer Behörde aber sind unplanmäßige Minderausgaben schlicht das Zweitschlimmste, was passieren kann.

Richter war schon Mitte November bei seinem Chef vorstellig geworden, weil er das Unheil kommen sah. Der Chef hatte nur kurz bemerkt: „Kein Grund zur Aufregung, Richter. Da fällt uns bestimmt noch etwas ein. Wie immer." Schon drei Tage später jedoch war der Chef nicht mehr da. Die neu gewählte Regierung im benachbarten Stadtstaat hatte ihm ein Senatorenamt angetragen. Er hatte das richtige Parteibuch. Nun herrschte Schmitz über die Behörde, kommissarisch, bis die Nachfolge geregelt war.

Burghard Schmitz hatte keinen Kopf für Richters Sorgen. In pausenlosen Konferenzen versuchte er, „sich ein Bild von der gesamten Behörde zu machen. Das ist jetzt das Wichtigste. Ich überlasse es ihnen, wie sie klarkommen." Und jetzt saß Manfred Richter an seinem Schreibtisch und sollte noch ein paar Projekte ausfindig machen, die zum Jahresende mit Geld zugeschüttet werden sollten. Als Buchhalter empfand er dies schon deshalb als Zumutung, weil er sich immer „aus dem Inhaltlichen", wie er es nannte, rausgehalten hatte. Ein Mann der Zahlen, so sah er sich, und darauf war er auch stolz.

Er hatte Nadja Kommarenke, seine Assistentin, gebeten, ins Archiv zu steigen und alle im laufenden Jahr abgelehnten Anträge zutage zu fördern. Das Landesamt für das Weihnachtswesen, wie man Richters Behörde im interministeriellen Unernst nannte, war von der Landesregierung erst nach dem Koalitionswechsel vor drei Jahren eingerichtet worden. Offiziell hieß es „Clearingstelle zur Unterstützung der Alltagskultur". Der Ministerpräsident hatte in seiner Regierungserklärung ausgeführt, es gehe „schlicht und einfach darum, im Zeitalter der Globalisierung mit unbürokratischen Maßnahmen unser regionales Profil zu stärken. Die kulturelle Identität eines Landes zwischen Nord und Süd, Ost und West ist heutzutage ein nicht zu unterschätzender Standortfaktor." Seine Regierung, so führte er aus, müsse auf diesem Feld interventionsfähig bleiben, auch und gerade in Zeiten allgemeiner Sparsamkeit.

Zwar hatte die Opposition, wie immer, gemosert und genörgelt, aber die Medien hatten die Innovation begrüßt. „Ein neuer Zug in der Landespolitik", schrieb der Leitartikler des Tageblatts. Endlich würde die Regierung begreifen, dass auch „weiche" Argumente wie Image und Identität eine Rolle spielten, wenn das Land im weltweiten Wettlauf um Investoren und Arbeitsplätze bestehen wollte. „Jawoll", höhnte die Personalratsvorsitzende daraufhin, „Kalifornien hat Schwarzenegger und wir die Clearingstelle."

Zwei Millionen hatte die Clearingstelle zum Verteilen bekommen. Keiner wusste genau, an wen. Die Koalition hatte eine Kommission berufen, die Kriterien formulieren sollte – bislang ohne Ergebnis. Der kleine Partner wollte mit dem Geld „soziokulturelle Projekte an sozialen Brennpunkten" unterstützen, die Vertreter des großen dachten eher an „Reitturniere, Schützenfeste und Blasmusik". Immerhin hatte man einen Aufruf zustande gebracht und ihn auch ins Internet gestellt: „Unser Land ist mehr als seine Wirtschaft, seine Seen und Wälder. Unser Land lebt in den kulturellen Initiativen seiner Bürger, in den alten, bewährten und in den neuen." Die Bilder auf der Seite zeigten musizierende Schulkinder, wandernde Senioren, Grillfleisch brutzelnde Migranten und einen marschierenden Spielmannszug. Darunter standen die Aufforderung „Bewerben Sie sich!", der Link zu einem Formular und die Kontaktadresse der Clearingstelle.

Nadja Kommarenke hatte Richter inzwischen einen Berg Kladden auf den Tisch gehäuft. Er fischte einen Antrag raus: „Neue Straßenschilder mit dem Landeswappen in Obersberg. Mittelbedarf: 40 000." Richter legte ihn auf den Stoß „möglich". Da lagen schon „100 000 Postkarten mit der Landeshymne. 70 000 Euro", „Mahlstädter Fest in der Partnerstadt Neufchateau. 50 000 Euro", „Unser Bier! PR-Kampagne des Brauerbundes. 65 000 Euro" und „Bergfelder Herrgottsschnitzer –Symposion. 35 000 Euro". Es war wie in den Jahren zuvor. Eigentlich war es doch völlig gleichgültig, wohin die Kohle ging. Hauptsache weg!, dachte Manfred Richter. Er zählte zusammen. Wenn er noch ein 10 000-Euro-Projekt finden würde, konnte er die Sache endlich abschließen.

Richter fand fünf Anträge für Projekte mit dem richtigen Bedarf. Sollte er die jetzt alle auch noch lesen? Er hatte überhaupt keine Lust dazu. Man könnte das ganze Geld genauso gut zum Fenster rausschmeißen.

Richter stand auf und ging zum Fenster. Vor ihm lag der Goetheplatz mit dem großen Weihnachtsmarkt. Links vom Eingang zum Behördenhaus erblickte er den Glühweinstand. Dort standen ein paar seiner Kollegen und warteten auf ihn. Einen Steinwurf rechts davon hatten es sich ein paar Obdachlose in ihren Schlafsäcken auf den Parkbänken bequem gemacht. Den Großen in der Mitte, Schweinebauch-Harry, kannte Richter. Der begrüßte ihn regelmäßig sehr freundlich, wenn er morgens ins Amt ging.

Als Schweinebauch-Harry den Mann am Fenster in seine Richtung winken sah, verstand er nicht gleich, was der wollte. Ja, er wusste, wer der Typ war, nur den Namen kannte er nicht. Der winkte ihn zu sich! Sollte er da reingehen? Das war ein Amt! Hatte er etwas ausgefressen? Aber der Mann grinste und fuchtelte immer heftiger. Schweinebauch-Harry erhob sich.

Richter öffnete das Fenster: „Melden Sie sich an der Pforte", rief er. „Ich komme runter." Ein paar Minuten später betrat Schweinebauch-Harry begleitet von Manfred Richter und umgeben vom Duft der Straße das Büro. „Schön haben Sie es hier", räusperte er sich verlegen. „Wollen Sie mit ihren Freunden ein schönes Weihnachtsfest feiern?", fragte Manfred Richter. Harry war die Sache offensichtlich nicht geheuer. „Machen Sie Witze, Mann?" – „Nein,, ich frage Sie ganz ernst: Wollen Sie ein schönes Fest feiern?" Harry überlegte kurz. Was sollte passieren? Der Typ sah immer noch freundlich aus. „Klar, Chef. Will ich."

So kam es, dass Herr Harry Bauch die Initiative „Weihnachten in unserem Land" gründete, die 10000 Euro für die Wiederbelebung alter Weihnachtsbräuche in der Landeshauptstadt beantragte und bewilligt bekam. „Und wie kommen wir an das Geld?", fragte Harry misstrauisch. „Das lassen Sie meine Sorge sein, Schweinebauch! Die Wege des Herrn sind wunderbar. Aber halten Sie die Klappe! Kein Wort zu irgendjemandem! Darf ich Sie meinerseits um einen Gefallen bitten? Beten Sie für mich!"

Es wurde ein schönes Fest am Glühweinstand. Schweinebauch lud alle dazu ein, die in der Hauptstadt Platte machten. Vier Tage lang. Und jeden Abend, wenn die letzte Runde angesagt wurde, rief Harry: „Und jetzt das Gebet für unseren Engel. Gott möge ihn schützen."

So kam es, dass der Mann der Zahlen in diesem Advent zum ersten Mal das Gefühl hatte, etwas wirklich Gutes getan zu haben.

Und Gott erhörte das Gebet seiner Schützlinge. Denn das Oberrechnungsamt ließ im Februar die Jahresbilanz der Clearingstelle ohne Einschränkung passieren. Zum letzten Mal. Die von Burghard Schmitz vorgeschlagene Umstrukturierung bedeutete das lautlose Ende der segensreichen Einrichtung. Nun fließt das Geld in ein sinnvolles Projekt: in die Finanzierung der Öffentlichkeitsarbeit der Landesregierung.

Warum sich aber seither der stadtbekannte Penner Schweinebauch-Harry und ein unauffälliger Beamter aus der Staatskanzlei noch herzlicher grüßen als bisher, weiß hoffentlich nur der liebe Gott.

24

ALLES FERTIG

Das kann nicht sein! Wolfgang und Marianne stehen in der Küche und schlürfen den ersten Kaffee. Die Kinder schlafen noch. Der Morgen des Heiligen Abends und sie haben nichts mehr zu tun. Es ist alles geputzt. Der Baum ist geschmückt. Die Krippe ist aufgestellt. Der Heringssalat für den Abend zieht im Kühlschrank durch. Alle Einkäufe für die Feiertage sind erledigt. Die Geschenke liegen bereit, um sie nach der Vesper unter dem Christbaum zu deponieren. Die Weihnachtspost ist raus. Niemanden vergessen? Diesmal nicht. Nichts mehr zu bügeln. Wie Weihnachten! Was machen wir jetzt mit dem Tag?

Telefonieren? Mal bei Christel und Andreas anrufen. Entspannte Leute sind das. Im Sommerurlaub haben sie einander kennengelernt. Sie saßen auf der kleinen Terrasse der Ferienwohnung und haben über dies und das geredet. Irgendwie sind sie auf Weihnachten gekommen. „Ich kann gar nicht verstehen, warum die Leute vor Weihnachten immer so in Hektik geraten“, hat Christel erzählt. Bei ihnen sei Heiligabend ein ganz harmonischer, ruhiger Tag.

Wolfgang und Marianne haben einander schuldbewusst angesehen. „Warum klappt das bei uns nie?“, hat Marianne ihren Mann am Morgen danach gefragt. „Es wird klappen“, hat Wolfgang geantwortet und sein entschlossenes Gesicht aufgesetzt, „diesmal machen wir alles anders, mein Liebling.“ Und tatsächlich haben sie es geschafft. Fertig.

Am anderen Ende der Leitung hört Marianne Christels Stimme. Klingt gar nicht so entspannt wie im Sommer. Klingt so wie ich in den vergangenen Jahren um diese Zeit. „Wir sind ein bisschen unter Druck. Können wir morgen oder übermorgen telefonieren? Olli hat sich im Sport vorgestern die Hand gebrochen. Und Andreas war bis gestern

Abend auf Dienstreise. Alles hängt an mir. Tschuldige, irgendwie ist dieses Jahr der Wurm drin. Muss noch putzen. Andreas ist mit den Kindern den Baum holen. Bis dann." Arme Christel.

Der kleine Yannick kommt im Schlafanzug aus seinem Zimmer. „Ist Wibke schon wach?" Nein, die ältere Schwester schläft noch. „Du weckst sie nicht!" – „Okay, wenn ich an den Computer darf." Wolfgang hat eine andere Idee: „Wollen wir nicht zusammen etwas spielen? ‚Siedler' oder ‚Monopoly'?" Yannick reibt sich den Schlaf aus den Augen. „Zusammen spielen? Es ist doch noch so früh am Morgen." So kennt er seine Eltern nicht. Sitzen in der Küche, sind bester Laune. Was für ein seltsamer Tag!

Wolfgang geht erst mal Brötchen holen. Lange Schlange in der Bäckerei. Zwei Frauen hinter ihm atmen hörbar empört. Eine zischt: „Heiligabend mit Aushilfen arbeiten. Unmöglich." Die andere: „Genau. Ich hab' noch so viel zu erledigen." Wolfgang dreht sich um. „Bitte, wenn Sie wollen, können Sie vorrücken." Damit haben die beiden nicht gerechnet. Zunächst verlegen, dann geradezu euphorisiert, nehmen sie sein Angebot an. „Sehr nett, ein Gentleman." – „Dass es so was noch gibt. Schöne Feiertage." Ein Supergefühl, wenn man sich Großzügigkeit leisten kann.

Marianne empfängt ihn mit besorgter Miene. „Dein Bruder hat angerufen." Walter? „Dann muss etwas Schlimmes passiert sein." – „Befürchte ich auch. Du sollst ihn sofort zurückrufen." Macht er. Bille ist dran, sehr streng: „Ja, hallo. Ich gebe dir deinen Bruder." Walter spricht leise, ganz anders als sonst. „Wir werden uns trennen. Kann ich mit Katharina zu euch kommen?" Was ist los? „Bille spinnt rum, weil ich den Wilde-Kerle-Kulturbeutel für Kathi nicht mehr bekommen habe." Im Hintergrund tobt die Schwägerin: „Nicht bekommen! Sei doch ehrlich, du hast ihn vergessen. Vergisst das Geschenk für seine Tochter! Du Egoist. Ich habe dich sooo satt!"

Wolfgang bietet an, bei „Spielwaren Frank" vorbeizuschauen. Walter meint, das nütze jetzt auch nichts mehr. Bille sei schon dabei, ihren

Koffer zu packen. Wollte Kathi mitnehmen, zu ihren Eltern. Aber Kathi habe geweint und gefleht, sie wolle Weihnachten mit ihrem Papi verbringen. „Dann bleib' bei deinem sauberen Papi! Der soll dir erklären, warum du nichts zu Weihnachten kriegst!" – „Gib mir mal Bille." Wolfgang gelingt es, einen Waffenstillstand auszuhandeln, reicht den Hörer an Marianne weiter. „Bille, wir haben ein wenig Luft in diesem Jahr. Kann ich etwas für dich tun?"

Also fährt Marianne schnell rüber. Wolfgang sucht den Kulturbeutel – wenn ihn Frank nicht hat, gibt's noch dieses kleine Geschäft an der Kölner Straße. Yannick darf daddeln und Wibke schläft immer noch.

„Wusste ich's doch, auf Frank ist Verlass", freut sich Wolfgang und lässt den Kulturbeutel gleich als Geschenk verpacken, tut noch 'ne CD mit Wilde-Kerle-Songs dazu. Als er zum Auto geht, klingelt das Handy. Marianne. „Geht wieder", raunt sie, „kann jetzt nicht sprechen, aber geht wieder. Du, Schatz, bevor du hierherkommst, schau doch noch mal bei uns zu Hause auf dem Dachboden in die Weihnachtskiste. Wir müssten da noch den alten Christbaumständer haben. Sei so lieb und bring ihn mit. Der von Walter rinnt."

Wibke steht im Flur. „Wo steckt ihr denn? Dachte wir machen heute einen Ruhigen." Wolfgangs Bericht amüsiert seine 15-Jährige. „Echt?", grinst sie, „die supercoole Tante Bille. Wer hätte das gedacht. Kommt mir aber irgendwo bekannt vor. Wolltest du nicht letzte Weihnachten abreisen?" – „Das war vor zwei Jahren, Wibke, als deine Mutter über den Baum gemeckert hat, den ich Heiligabend anschleppte. Weißt du, wo ich den alten Baumständer finde? In der Kiste ist er nicht." Wibke hat eine schwache Ahnung, dass er im Keller vor sich hingammelt. Sie finden ihn – nach einer halben Stunde.

Marianne steht auf dem Fenstersims im ersten Stock, als Wolfgang vor der Behausung seines Bruders vorfährt, und putzt die Scheiben. Sie winkt im fröhlich zu. Schreck! Nein, sie hält sich am Fensterflügel fest und schwingt ins Zimmer. Wolfgang rennt ins

Haus. Da sitzt Marianne auf dem Boden und reibt sich den Knöchel. Bille kommt mit einem Cool Pack. „Nicht schlimm", stöhnt Marianne, „nur geprellt." Bille nimmt sie in den Arm: „Jetzt machen wir eine Pause."

Walter schleppt Pötte mit Kaffee herbei. Sie mümmeln Spekulatius. So nah sind wir uns selten, denkt Wolfgang, seine Nichte auf den Knien. Als er Wibkes Kommentar in die Unterhaltung fallen lässt, muss Bille über das Prädikat „supercool" tatsächlich lachen. Wann hat er seine Schwägerin zuletzt lachen gesehen? „Und du wolltest vor zwei Jahren abreisen? Du, der – supercoole – Wolfi? Na, das tröstet mich aber gewaltig. Dachte immer, wir sind die Chaoten und ihr seid die heilige Familie." Nun prustet Marianne los. „So kann man sich irren. Schätze, wir kennen einander gar nicht."

„Es war ein schöner Abend", sagt Marianne, als sie um halb eins nach Hause fahren. „War eine tolle Idee von Bille, zusammen zu feiern." Wolfgang hatte den murrenden Yannick und die freche Wibke um halb fünf abgeholt. Und den Heringssalat. Und die wichtigsten Geschenke. Dann sind sie alle zusammen in die Kirche gegangen. Haben Bille ihr Solo im Chor singen gehört. „Gar nicht schlecht", lobte Wibke, die ganz andere Musik bevorzugt.

Yannick fand die Aktion nicht so witzig. „Warum haben wir uns in den letzten Tagen so'n Stress gemacht? Hätten wir ja nicht wie die Perversen aufräumen müssen, wenn wir auswärts feiern." Aber auch Yannick war am Ende zufrieden, weil er sein neues Game auf Onkel Walters megateurem Notebook spielen durfte. Hat sogar die kleine Kathi mitspielen lassen, ganz der große Cousin. „Hätte ich nicht für möglich gehalten. Vor einem Jahr hätte er das noch nicht gebracht", meint Marianne.

Als die Kinder im Bett sind, sitzen Marianne und Wolfgang noch auf einen Sekt vor ihrem leuchtenden Baum. „Schlacht geschlagen", murmelt Wolfgang. Seine Frau lächelt, schweigt einen Augenblick und macht: „Mhmm". Wolfgang hebt sein Glas. „Auf dein Wohl, mein

Schatz. Zufrieden?“ Mariannes dunkle Augen suchen einen Punkt hinter seinem Kopf. „Mhmmm. – Ja. Doch. – Zufrieden.“

Immer ist Weihnachten anders, als sie es sich vorher ausgedacht haben. Und dennoch war es diesmal so, wie es sein sollte.

DER AUTOR

Arnd Brummer, geboren 1957, ist Gründer und Chefredakteur des evangelischen Magazins „chrismon". Von 1987 bis 1991 arbeitete er als politischer Korrespondent für Tageszeitungen in Bonn, danach war er Chefredakteur des „Deutschen Allgemeinen Sonntagsblattes" in Hamburg. Brummer ist Autor und Herausgeber zahlreicher Bücher, auch literarischer, und ein gefragter Redner und Diskussionspartner. 2011 erschien in der edition chrismon „Unter Ketzern. Warum ich evangelisch bin".

In seiner Freizeit geht Brummer mit seinem Sohn auf den Fußballplatz, serviert seiner Frau und seinen Gästen süddeutsche Küche, schreibt Gedichte, liest amerikanische Literatur, trinkt italienischen Rotwein und spielt Golf.